Zu diesem Buch

Die Liebe – sie färbt die Welt rosarot. Doch schon
nach wenigen Wochen im siebten Himmel werfen
die ersten Fragen ihre Schatten auf das ungetrübte
Glück: Bedeutet ihr Pfirsichshampoo auf seiner
Badewanne, dass sie jetzt ein Paar sind? Kann sie
auf Dauer mit einem Mann leben, der sich beim ersten Regentropfen im Urlaub verzweifelt die Sinn-
frage stellt? Oder grundsätzlicher: Wie streitet man
sich, ohne dabei gleich die Beziehung aufs Spiel zu
setzen? Eine Pflichtlektüre für Verliebte und solche, die es bleiben wollen.

Der Autor

Till Raether, geboren 1969 in Koblenz, aufgewach-
sen in Berlin, wohnt in Hamburg und arbeitet als
Redakteur und Kolumnist bei «Brigitte».

TILL RAETHER *Der kleine Beziehungsberater*

ROWOHLT TASCHENBUCH VERLAG

2. Auflage Oktober 2002

Veröffentlicht im Rowohlt Taschenbuch Verlag GmbH,
Reinbek bei Hamburg, Mai 2002
Copyright © 2001 by
Rowohlt Verlag GmbH, Reinbek bei Hamburg
Umschlaggestaltung Britta Lembke
Druck und Bindung Clausen & Bosse, Leck
Printed in Germany
ISBN 3 499 61342 5

Die Schreibweise entspricht den Regeln
der neuen Rechtschreibung.

Inhalt

Cool bleiben und zappeln lassen *Was Männer Männern raten*

Luise und ich wären niemals zusammengekommen, wenn es nach meinen Freunden gegangen wäre.

Dabei meinten es Robert und Martin gut mit mir. Sie wollten, dass ich gleich von Anfang an alles richtig mache. Aber die Erfolgsaussichten einer Beziehung wachsen in dem Maße, in dem es Männern gelingt, die gut abgehangenen Lebensweisheiten zu ignorieren, die ihre Freunde zum Besten geben. Wenn ich mich danach gerichtet hätte, wären Luise und ich nicht über das erste Date hinausgekommen, und dieses Buch wäre recht kurz geworden. Denn gängige Männer-Ratschläge lauten etwa so:

Cool bleiben! Die männliche Verhaltensregel Nummer eins für das erste Date, die Frühphase der Beziehung, deren weiteren Verlauf und den Rest des Lebens. Die Meinungen, was genau «cool bleiben» bedeutet, gehen allerdings auseinander:

1. Möglichst wenig reden und düster in die Gegend starren, um sich interessant zu machen. Verspricht, wenn es tatsächlich ankommt, möglicherweise mehr, als man auf die Dauer halten kann. Anstrengend, wenn man mit einem sonnigen Gemüt geschlagen ist.

2. Frauen auf Distanz halten, um ihnen keine Angriffsfläche zu bieten und von ihnen nicht verletzt zu werden. Die wenigsten Männer würden dies allerdings mit den Worten «du, mach dich nicht verletzbar» ausdrücken.

3. Sich von etwas so Nebensächlichem wie Frauen nicht in unangemessene Aufregung versetzen lassen. Frauen sollten auf der männlichen Aufregungsskala von 1 bis 10 etwa bei 3,5 liegen. Also leicht über einer schmerzhaft stumpfen Rasierklinge (3), aber noch weit entfernt vom weggeschnappten Parkplatz (10) und davon, vor dem Stadion noch an der Wurstbude anzustehen, während das erste Tor fällt (sprengt die Skala).

Ich hege allerdings den Verdacht, dass sich Männer von coolen Männern wesentlich stärker beeindrucken lassen als Frauen. Das gilt in besonderem Maße, wenn es sich bei diesen coolen Männern um sie selbst handelt.

Ran an die Buletten Eine kulinarische Metapher, die vermutlich den Genusscharakter einer neuen Liebesbeziehung unterstreichen soll. Männer bedienen sich in dieser Situation überhaupt oft und gern der Bildsprache von Hobbyköchen – siehe das allgemein bekannte «Nichts anbrennen lassen!», auch in der dem frisch Verliebten zum Abschied hinterhergerufenen Kurzformel «Teflon!». Oder die weniger verbreitete, dafür aber anschauliche Formulierung, man solle die Angeschmachtete doch einfach bei nächstbester Gelegenheit «in den Kopf beißen» (sie also küssen). Hinter diesen Ratschlägen steht das männliche Grundgefühl, immer unter Zeitdruck zu stehen: entweder, weil bereits der nächste Bewerber drauf und dran ist, ran an die Buletten zu gehen, oder weil man, wenn man allzu lange wartet, möglicherweise eine noch interessantere Frau trifft. Was dann sehr verwirrend wäre. Umgekehrt finden es Männer allerdings höchst verstörend, wenn Frauen «rangehen wie Blücher ans kalte Büffet».

Grundsätzlich gilt, dass ebenso viele verheißungsvolle Beziehungsanfänge im Sande verlaufen, weil Männer nicht in die Puschen kommen, wie im Keim erstickt werden, weil Männer auf andere Männer hören. Wobei wir wissen müssen, dass man uns den Teflon-Ratschlag nicht etwa deshalb erteilt, weil unsere Männerfreunde sich so sehr um unser Wohlergehen sorgen. Nein, sie wollen nur unser Lamentieren über die richtige oder falsche Vorgehensweise abkürzen und stattdessen möglichst schnell eine substanzielle Fortsetzung unserer frischen Liebesgeschichte hören, am liebsten gespickt mit interessanten Details.

Ich kauf doch keine Kuh, wenn ich ein Glas Milch will! Eine Grundsatzerklärung, die immer dann vorgetragen wird, wenn die erste Liebesnacht in greifbare Nähe gerückt ist oder man sie gerade hinter sich hat. Männer wollen andere Männer noch rechtzeitig davon abbringen, eine feste Beziehung einzugehen. Zuerst raunen sie in diesem Zusammenhang dunkle Drohungen wie: «von nun an ständig Kai Pflaume gucken müssen», «plötzlich Simply Red in deinem CD-Wechsler» und «Kindersitz hinten im Auto, womöglich noch der Aufkleber ‹Baby an Bord›, nee, du». Wenn man daraufhin nur selig und unbelehrbar grinst, appellieren sie an die Vernunft, indem sie die simple Rechnung aufmachen von der Kuh und dem Glas Milch.

Seltsamerweise kommt dieser Spruch meist von denjenigen Männern, die seit Jahren liiert sind und sich gern nochmal so richtig verwegen anhören wollen, obwohl sie die ganze Zeit auf die Armbanduhr schielen. Wenn sie sich neben ihrem Freund festtrinken und darüber die von ihrer Partnerin festgelegte Heimkehrzeit endlich vergessen, bekommen sie im Verlauf des Abends den Moralischen: «Ich wäre glücklich, wenn ich nochmal deine Freiheit hätte. Mach bloß nicht die gleiche Dummheit wie ich, als ich Constanze kennen lernte …», und so weiter. Dahinter steckt allerdings weniger Fürsorge als vielmehr die Angst, man könnte es eventuell besser machen als sie. Wovon der Verliebte natürlich sowieso überzeugt ist. Jedenfalls hat der Molkerei-Vergleich noch keinen Mann davon abgehalten, sich einer Frau an den Hals zu werfen.

DFB Steht hier stellvertretend für all die verschrobenen sexualtechnischen Hinweise, die Männer untereinander austauschen – und konkret für «Dumm fickt besser». Die Abkürzung DFB bezeichnet erst in zweiter Linie auch den Deutschen Fußballbund, die einzige Form organisierter Religion, zu der viele Männer sich heute noch bekennen.

Aus «DFB» und verwandten Weisheiten spricht weniger ein negatives Frauen- als vielmehr ein negatives Selbstbild: etwa die Angst, der alte Freund könnte sich mit einer intelligenten Frau zusammentun, mit der man sich an künftigen gemeinsamen Abenden verbal messen muss. Männer beweisen hiermit ihr enzyklopädisches Wissen auf dem Gebiet der weiblichen Sexualtypologie, gern auch formuliert in Aussprüchen wie «Wenn's im Dachstuhl brennt, ist im Keller was los» (auf Rothaarige bezogen). Diese Sprüche sollen zu vorgerückter Kneipenstunde irgendwie weltmännisch wirken. Um aber die Gefahr, ausgelacht zu werden, möglichst gering zu halten, werden sie gern mit sich selbst absicherndem ironischem Unterton vorgetragen.

Erst mal schööön zappeln lassen! Das bekam ich oft zu hören, nachdem ich mich ein-, zweimal mit Luise getroffen hatte und mich nun fragte, ob es ratsam wäre, sie mehr als einmal stündlich anzurufen. Dieser Ratschlag kam erstaunlicherweise von denselben Männern, die mir in der Hoffnung auf eine pikante Affärengeschichte gestern noch «Ran an die Buletten!» zugerufen hatten. Für diesen Widerspruch gibt es zwei Gründe:

1. Männer reden viel, wenn der Tag lang ist.
2. Widerspruch? Wieso Widerspruch? Was man hat, das hat man – also rangehen. Und dann kann man immer noch in Ruhe drüber nachdenken, was man eigentlich will – also zappeln lassen.

Dahinter steckt die weit verbreitete Vorstellung, dass Frauen verrückt nach Männern sind, die sich ihnen nicht gleich vor die Füße werfen. Außerdem wird man Frauen, die noch zappeln, leichter wieder los als solche, die sich bereits in der eigenen Zwei-Zimmer-Wohnung häuslich einrichten. Also eine Empfehlung, die alle Optionen offen lässt. Und offen lässt … und offen lässt … Bis einem die Entscheidung von der betroffenen Frau abgenommen wird. In diesem Fall kann man versuchen, zur Rechtfertigung im Freundeskreis die alte Bauernregel mit der Kuh und der Milch aufzuwärmen. Möglicherweise gibt man dabei zwar eine durch und durch lächerliche Figur ab, aber zum Trost bescheinigen einem die Kumpels großzügig, man habe «alles richtig gemacht».

Lass dich nicht verbiegen, Alter! In den Augen vieler Männer ist die feste Beziehung eine Art Umerziehungslager. Hinein geht ein Kumpel, heraus kommt jemand, der betreten vor sich hin stammelt, wenn ein alter Kumpel Montagnacht um elf mit einem Kasten Bier und vier Freunden von auswärts vor der Tür steht. Ein Weichei in Klamotten, die seine Freundin ausgesucht hat. Männer wissen, dass «Lass dich nicht verbiegen!» ein verzweifelter, sinnloser Appell ist, weshalb es sich dabei mehr um eine Art Abschiedsfloskel als um eine echte Aufforderung handelt. Sie wird oft in Verbindung mit einem nur noch mühsam hervorgebrachten «Vergiss deine alten Kumpels nicht!» artikuliert, gefolgt von einem kleinen Handgemenge, um das Übermaß an gezeigten Gefühlen zu neutralisieren.

Sei bloß nicht zu nett! Nette Männer sind eine Peinlichkeit für alle Beteiligten. Das Vier-Buchstaben-Wort ist ein zwischengeschlechtliches Todesurteil: «Versteh mich nicht falsch, ich finde dich echt nett, aber …» oder «Das war echt ein netter Abend …». Männer wiederum nehmen zwar danklos Parkplätze, Armlehnen und den letzten Einkaufswagen von den netten Männern entgegen, haben aber das Gefühl, dass nette Männer dem männlichen Geschlecht insgesamt einen zweifelhaften Ruf bescheren: nette Männer! Wo kommen wir denn da hin! Wenn das jeder machen würde. Frauen haben zwar jahrelang gegen Stoffel, Machos und Stinkstiefel gewettert und den netten Mann gefordert. Und zuerst ließ sich das ja auch alles ganz, äh, nett an. Bis sich die Erkenntnis durchsetzte: «Nett» ist zwar mitunter ganz erholsam, fatalerweise aber auch das Gegenteil von sexy, cool und interessant.

Ein Brutalo, der widerwillig seinen weichen Kern entblößt und dabei vielleicht sogar noch das eine oder andere Tränchen hervorquetscht, bricht der ganzen Welt das Herz. Raue Schale, weicher Kern. Es gibt kein größeres Kompliment. Nette Männer dagegen müssen in Notsituationen verzweifelt darauf hinweisen, dass sich hinter ihrer weichen Schale in Wahrheit doch noch ein rauer Kern verbirgt: «Weißt du, ich bin nicht immer so nett, ich, äh, kann auch ganz schön wütend werden, also so richtig wütend, warte mal, etwa so …»

Die Welt nutzt uns nette Männer nach Strich und Faden aus, und als Dreingabe folgt der ewig gleiche Vortrag: In der Beziehung muss der Mann die Oberhand behalten, sonst gerät er unter den Pantoffel.

Ich will an dieser Stelle niemandem drohen, darum spare ich mir den Hinweis darauf, dass immer, wenn irgendwo jemand Amok läuft, ein Nachbar verwundert in die Fernsehkameras sagt: «Ich verstehe das nicht, er war doch so ein netter, ruhiger Mensch.» Nein, der Grund, aus dem ich mich selbst entblößt habe, ist allein der, dass ich dem Rest der Welt Folgendes mitteilen möchte: Wir netten Menschen planen, in Zukunft mehr unter uns zu bleiben.

Nette Männer, nette Frauen – alles klar? Wir ziehen jetzt, wie ihr es formulieren würdet, knallhart unser eigenes Ding durch. Und was euch angeht: Macht euch fertig, seid gemein zueinander. Aber kommt anschließend nicht zu uns, damit wir euch trösten und lieb zu euch sind. Denn ihr wisst ja: weiche Schale, rauer Kern. Trotzdem schönen Dank für den guten Rat.

Sie sehen also, mit den Ratschlägen ist das oft so eine Sache. Deshalb gebe ich prinzipiell keine.

Uns bleibt immer
Boltenhagen *Verliebt und abstoßend*
glücklich

Als ich mich in Luise verliebte, wollte ich mit Freunden und Familienangehörigen nur noch über ein Thema sprechen: Luise. Es gelang mir, selbst in scheinbar unverfängliche Gespräche über politische Entwicklungen und Bundesliga-Resultate Satzanfänge einzubauen wie «Luise meint ...» oder «Luise hat ja ...». Wenn jemand sich über das Für und Wider von Bausparverträgen ausließ, erzählte ich gnadenlos von dem Traumhaus, das Luise und ich uns eines Tages bauen würden. Kurz: Ich war abstoßend glücklich.

Wenn wir verliebt sind, haben wir das Gefühl, die Welt zum allerersten Mal so zu erleben, wie sie wirklich ist. Mit einem Mal wird uns klar, dass wir im unverliebten Zustand nach Strich und Faden belogen und betrogen werden: Arbeit, heißt es, sei wichtig, denn wir brauchen Geld, um uns eine schöne Wohnung zu leisten, in der wir uns von der Arbeit erholen können, und ein schönes Auto, damit wir bequemer zur Arbeit kommen. Freunde, will man uns weismachen, seien wichtig, damit wir nicht so allein sind auf der Welt, und Familie, damit wir an den Feiertagen nicht dem Fernsehprogramm ausgeliefert sind. Und dann kommt jemand daher – Luise! –, und plötzlich wird uns klar: alles falsch! Wir brauchen gar nichts, gar nichts außer diesem einen einzigen Menschen.

Es gibt nur zwei Arten von Menschen: verliebte und unverliebte. Verliebte sind auf den ersten Blick süß, aber im Grunde nerven sie. Das kann jeder bestätigen, der in jenen Wochen mit mir zu tun hatte, als ich nur von Glückshormonen und Luise lebte. Ich vergaß alle Verabredungen, die ich nicht sowieso längst abgesagt hatte. Ich träumte mich selig grinsend durch den Arbeitstag und stieß jeden vor den Kopf, der mir sein Herz ausschütten wollte. Probleme? Verliebte kennen keine Probleme, außer eklatantem Schlafmangel und drängenden Fragen wie: Muss man mit dreißig noch Knutschflecken verstecken? Soll man, wenn man nachmittags um vier aus dem Bett steigt, noch frühstücken oder gleich zu Abend essen?

Dahinter steckt natürlich auch eine gehörige Portion Wahnsinn und Verblendung. Zum Verliebtsein gehören allerhand romantische Spinnereien: Wir sind füreinander bestimmt. Irre, dass ausgerechnet wir beide uns über den Weg gelaufen sind. Nicht zu glauben, wie gut wir zueinander passen.

Ich bin überschwänglicher in diesen Dingen als Luise, aber als wir so richtig verliebt waren, haben wir uns oft genug gemeinsam in einen Rausch geredet. In den Monaten der Verliebtheit erfindet man ein gemeinsames Märchen, das davon handelt, wie man sich kennen gelernt und ineinander verliebt hat. Alles muss möglichst unglaublich und unwahrscheinlich sein, man legt viel Wert darauf, sich in aller Ausführlichkeit zu erzählen, wie man den anderen fand, als man ihn das erste Mal sah. Am besten bescheuert, dann kann man später so richtig darüber lachen. Oder noch besser auf Anhieb ganz toll, denn dann kann man am schönsten Märchen von allen basteln, dem, von Anfang an füreinander bestimmt gewesen zu sein.

Wenn es um die Liebe geht, kann es selbst für den kühlsten Kopfmenschen gar nicht überirdisch und feenhaft verschwurbelt genug zugehen. Wenn wir die romantische Liebe nicht hätten, gäbe es im Kino ausschließlich Horrorfilme, und in teuren, schlecht beleuchteten italienischen Lokalen säßen nur Werbeleute in Schwarz an Einzeltischen und sagten in ihre Handys: «No way, Paar am Sonntagmorgen im Bett geht gar nicht, Liebe ist gecancelt, Liebe ist so was von durch.» Aber wir bleiben dabei: Vielleicht war es ja wirklich Liebe auf den ersten Blick. Und wenn nicht, dann war es immerhin etwas ganz Besonderes, von Anfang an: unsere eigene Geschichte, eine, die nur uns gehört.

Diese Geschichte, diese gemeinsame Erinnerung, werden wir genießen, solange wir uns lieben. Voller Begeisterung werden wir sie immer wieder aufwärmen, in guten wie in schlechten Zeiten. So wie Humphrey Bogart, wenn er in «Casablanca» zu Ingrid Bergman sagt: «We'll always have Paris», und dann sieht man eine Rückblende, in der die beiden mit verzückten Gesichtern an einem Bistrotisch mit karierter Tischdecke sitzen. «Uns bleibt immer Boltenhagen», klingt nicht ganz so glamourös. Aber in Boltenhagen verbrachten Luise und ich unser erstes gemeinsames Wochenende, und darum wird der unprätentiöse Name dieses Familienbades für uns immer einen besonderen Klang haben.

Da sitzen wir kürzlich in einem Restaurant, das wir wegen häufiger Frequentierung in unserer Verliebtheitsphase zu «unserem» erklärt haben. Durch eine Karaffe schweren Rotweins wohlig sentimental gestimmt, sage ich mit vollem Mund jene Worte, die unser kleines nostalgisches Intermezzo einläuten:

«Weißt du noch, als wir uns das erste Mal gesehen haben?»

«Ja», sagt Luise, während sie Ravioli von meinem Teller isst, eine Angewohnheit, die mich normalerweise wahnsinnig macht, «ich dachte: Ich will Kinder von dem Mann mit den Chipskrümeln auf dem Hemd, der gerade das Etikett von seiner Bierflasche knibbelt. Nein, ich wollte dich erst mal doof finden, weil Robert und Annika mir erzählt hatten, heute

Abend käme ein wahnsinnig netter Typ, den ich unbedingt kennen lernen müsste.»

«Fast wäre ich ja gar nicht gekommen. Weißt du noch, dass ich mir ständig die Nase putzen musste? Keine gute Flirtvoraussetzung. Aber als ich dich gesehen habe, wie du mit deinem Thunfischsalat unterm Arm reinkamst, habe ich sofort gewusst: Mit der Frau verbringst du den Rest des Abends.»

«Ich war erleichtert, weil ich über Robert und Annika vorher nur gemütskranke Bühnenbildner und misanthropische Fotografen kennen gelernt hatte.»

«Hast du deshalb am nächsten Tag gleich angerufen? Das fand ich unerhört großartig. Obwohl ich stark erhöhte Temperatur hatte und Rollerbladen behämmert finde.»

Und dann sagt Luise: «Weißt du noch, als wir uns das erste Mal geküsst haben?» Vor dem albernen Surferladen, nachdem wir die Rollerblades zurückgegeben hatten. Und nachdem wir eine ganze Weile vor dem Schaufenster gestanden hatten, einfach, um irgendwo nebeneinander zu stehen.

«Du hast zuerst geküsst.»

«Nein, du.»

«Kann sein», sagt Luise. «Vielleicht war ich doch von Anfang an in dich verliebt.»

«Ich auf alle Fälle in dich.»

«Echt? Wie war denn das? Und wieso?»

Und dann geht alles nochmal von vorne los, und das Schöne ist: Man kann nie genug davon kriegen.

Eines Tages ist man zwar nicht mehr verliebt, nicht so wie in den ersten Wochen und Monaten. Aber man hat in der ersten Phase die Grundlage für alles geschaffen, was einen verbindet. Man erfindet Dinge, die einen zusammenhalten. Erfinden ist hier gemeint im Sinne von: gemeinsam etwas erschaffen, was dann auch wirklich funktioniert, so wie der Reißverschluss oder die Salatschleuder. Mit dem großen Unterschied, dass unsere Erfindung niemals vollkommen ausgereift ist. Jeden Tag, den wir zusammen sind, müssen wir weiter an ihr basteln.

In der Zeit, in der alles ganz toll und perfekt sein soll, wenn wir all unsere Kraft ins Glücklich- und Zufriedensein fließen lassen, machen wir uns und dem anderen natürlich auch etwas vor: Wir werden uns niemals streiten, wir werden niemals eifersüchtig sein, wir werden uns nicht die Luft abschnüren, wir werden immer offen und ehrlich zueinander sein.

Aber wir sind nur verliebt, und nicht doof. Und darum merken wir selbst in der unkritischsten Liebeshitze noch, ob es sich hier um eine jahreszeitlich bedingte Ekstase handelt oder ob wir schon mal einen brauchbaren Unterwäsche- und Shampoovorrat in der fremden Wohnung hinterlegen sollten.

Ich erinnere mich an einige bedauerliche Vorfälle, als ich zwar richtig verliebt war, im Grunde aber nicht in die Frau neben mir, sondern ins Verliebtsein selbst. Als sich dieses Gefühl trotz aller Tricks und Beschwörungen langsam verflüchtigte, musste ich feststellen, dass ich doch nicht länger mit einer Frau zusammenbleiben wollte, die in ihrer Wohnung sieben Ozelote hielt. Oder mit der Frau, die mich gern nachts um drei zu sich bestellte, um sich an ihren lauten Nachbarn zu rächen. Oder mit der Frau, deren Kater mich jedes Mal heimtückisch attackierte, sobald sie das Zimmer verließ (und ich nackt und wehrlos bei ihr im Bett lag).

Noch bedauerlicher waren allerdings die Vorfälle, in denen die betreffenden Frauen ihre körpereigenen Endorphine schneller auf den Kopf hauten als ich und ihrerseits feststellten, dass sie doch nicht länger als zwei, drei Wochen zusammenbleiben wollten mit diesem Typen, der selbstvergessen sein Doppelkinn knetete, während er sie anschmachtete.

Wenn man sich verliebt und zurückgeliebt wird, dann ist das erst mal ein Happy End. Für einige Wochen scheint die Zeit stillzustehen. Dann läuft sie langsam wieder an, und wir merken: Nach dem Happy End geht es weiter. Und dann wird es erst richtig spannend.

Dein Pfirsichshampoo
in meinem Bad *Sind wir jetzt*
ein Paar?

Die Frage war leicht zu beantworten.

«Das», sagte ich, «ist ein elektrischer Rasierapparat. Ideal, um sich morgens auf die Schnelle …»

«Und was», unterbrach mich Luise, «macht dieses Ding in meinem Badezimmer?»

«Es liegt da und wartet darauf, von mir benutzt zu werden. Die Erfahrungen mit deiner Achsel- und Beinklinge waren traumatisierend. Du hast doch nichts dagegen, oder?»

«Nein», sagte Luise. «Doch. Es ist nur … interessant. Bis gestern war es immer etwas Besonderes, wenn du bei mir geschlafen hast, du musstest morgens in deine Sachen von gestern steigen und heimlich meine Zahnbürste benutzen. Ich frage mich, wie das jetzt weitergehen soll.»

Ich überhörte den besorgten Unterton in ihrer Stimme und zeigte auf die Tüte vom Drogeriemarkt, die ich neben der Badezimmertür abgestellt hatte. «Das kann ich dir genau sagen. Da drin ist eine

Zahnbürste, außerdem ein männlich-sportliches Deo, damit ich, wenn ich bei dir geschlafen habe, nicht mehr nach Pfirsich rieche, ein ganz neutrales Shampoo sowie ein leicht zu identifizierendes Duschgel, weil ich morgens keine Zeit habe, die Aufschriften von fünfzig verschiedenen Flaschen zu lesen und mich am Ende doch vergeblich mit irgendeinem Körperöl einzuseifen. Nur deine leckere Vitamin-C-Creme möchte ich gern weiter benutzen. Wenn ich darf.»

In dieser Nacht schlief ich nicht bei Luise. Sie wollte lieber einmal über ein paar Dinge ganz in Ruhe nachdenken. Über den schleichenden Übergang von «Ach, was sind wir verliebt» zu «Schieb mal deine T-Shirts für meine Unterhosen zur Seite», zum Beispiel.

Ich war vorsichtshalber verletzt. «Willst du damit sagen, du bist von Anfang an davon ausgegangen, dass das hier nur eine kurze Sache wird?»

«Nein», sagte Luise, «ich bin von gar nichts ausgegangen. Ich habe mir überhaupt keine Gedanken gemacht. Ich habe nur ein bisschen geträumt. Und in diesen Träumen kamen keine Elektrorasierer und Sport-Deos vor, und auch keine auf Kante gefalteten weißen T-Shirts in meinem Kleiderschrank. Aber jetzt ist offenbar die Zeit der Träume vorbei. Und das muss ich erst mal verdauen.»

Ich konnte sie natürlich verstehen. Und deshalb bekam ich es mit der Angst zu tun.

Ich kannte das Gefühl nur zu gut: Da ist man schon dabei, sich innerlich klammheimlich aus einer Sache zu verabschieden, und dann räumt einem der andere plötzlich seinen halben Hausstand in die Wohnung. Die unsichtbare Grenze zwischen Verliebtsein und Paarsein ist hiermit überschritten. Jetzt sind wir ein Paar. Sind wir jetzt ein Paar?

Es ist kein schönes Gefühl, in etwas hineinzuschlittern, das man eigentlich gar nicht möchte. Mein Freund Martin war mal mit einer überaus energischen Psychologiestudentin zusammen, aus deren entschlossener Umklammerung er sich nach einigen Monaten erfolglos zu befreien versuchte. Martin dachte an eine kleine Affäre, Doreen studierte bereits die Kündigungsfrist ihres Mietvertrages. Martin hielt gefühlvolle Vorträge über «Zeit lassen, nichts überstürzen, wessen Zahnbürste ist das eigentlich?», Doreen schleppte ihn ins Bettenhaus, um 1,80 Meter breite Matratzen Probe zu liegen. Als Martins Abwehr deutlicher wurde, hielt Doreen ihm ein offenbar sorgfältig vorbereitetes Referat über männliche Bindungsunfähigkeit im Allgemeinen und Martins Angst vor Nähe im Besonderen.

Hatte sie nicht Recht? Sind es nicht immer die Männer, die kalte Füße kriegen, sobald es anfängt, so richtig warm und gemütlich zu werden? Das gängige Klischee geht etwa so: Ab dreißig hören Frauen die berüchtigte biologische Uhr ticken und sehen sich energisch nach dem geeigneten Mann für den

Nestbau und die Produktion einer schnuckeligen Kleinfamilie um. Männer dagegen beginnen im selben Alter ihren langen Weg zurück ins infantile Stadium: Sie fühlen undeutlich etwas wie «frei sein wollen», «sich nicht einengen lassen», «in einer Rockband spielen», «einen alten Sportwagen mit zurückgedrehtem Tachometer kaufen». Sie tun so, als wären sie immer noch Anfang zwanzig, bleiben länger auf, als ihnen gut tut, sitzen mit den Kumpels von damals über den Bieren von damals, und sobald ihnen eine Frau zu nahe kommt, zucken sie zurück, weil vor ihrem geistigen Auge die Heerscharen anderer Frauen auftauchen, mit denen sie niemals schlafen werden, wenn sie jetzt mit dieser einen eine 1,80 Meter breite Matratze mit Bettgestell und passenden Nachttischchen erwerben.

«Sie begreift es einfach nicht», sagte Martin, nachdem Doreen ihn in die Mangel genommen hatte. «Ich leide nicht unter typisch männlicher Bindungsangst. Ich leide schlicht und einfach unter der Angst, mich an eine Frau zu binden, die auf Karopapier einen Grundriss meiner Wohnung angefertigt hat und darauf kleine gelbe Pappschnipsel herumschiebt, die ihre Möbel darstellen sollen.»

Auf Luise und mich traf das Klischee jedenfalls nicht zu. Ich war überzeugt: Es muss nur die Richtige kommen, dann stellen sich solche Fragen gar nicht mehr. Und Luise, das wusste ich, war die Richtige. Die Frau, bei der ich nicht darüber nachdachte, ob ich mich hier nicht voreilig mit einer Verlegenheitslösung zufrieden gab.

Trotzdem ist es immer ein atemberaubender Moment, wenn man feststellt, dass man plötzlich nicht mehr nur verliebt ist, sondern «zusammen»: Ach ja, ihr kennt euch noch nicht, das ist Luise, meine Freundin. Mama, Papa, darf ich euch meine Freundin vorstellen. Es ist, als würde das schwerelose Glück gnadenlos in ein DIN-Format gezwängt. Wenn man verliebt ist, fühlt man sich einzigartig. Aber Paare gibt es millionenfach. Luise und ich. Das war bis eben noch das sagenhafte Zusammentreffen zweier Unendlichkeiten, und nun ist es nur eine weitere Namenskombination auf der Einladungsliste irgendeines anderen Paares: Robert und Annika, Martin und Constanze, Maybrit und Rufus, Arno und Natalie, Luise und ich. Willkommen im großen Club derer, die in Lokalen an stillen Zweiertischen sitzen statt in lärmender Runde, die nicht mehr einfach so auf einen Kaffee vorbeikommen können, weil gleich der Freund von der Arbeit kommt, die immer für zwei einkaufen mit dem Hintergedanken, zusammen «was Schönes zu kochen». Manche Leute bekommen in dieser Situation Heimweh nach ihrem Single-Dasein, oft einhergehend mit einem plötzlichen Heißhunger auf Tiefkühlpizzen und 5-Minuten-Terrinen. War es nicht eigentlich viel schöner, sich die Zukunft und das gemeinsame Glück mit einem Traumpartner in den schillerndsten Farben auszumalen, als sich am Sonnabendvormittag an der

Seite eines wirklichen Menschen mit einem Zettel voller absurder schwedischer Namen durch die SB-Halle von Ikea zu quälen?

Ehrlich gesagt war ich ein bisschen angefressen, weil Luise mir nun damit zuvorgekommen war. In der Nacht, nachdem ich meine Drogerieartikel vor ihrem Badezimmer abgestellt hatte, lag ich lange wach und dachte darüber nach, ob nicht vielleicht alles doch ein bisschen schnell gegangen war. Wie gut kannten wir uns eigentlich? Hatte sie sich nicht von Gerrit getrennt, diesem verkrachten Fotografen mit Ziegenbart, weil er ihr, wie sie sagte, «die Luft abgeschnürt» hatte? War ich etwa gerade dabei, das Gleiche zu tun? Wir waren beide Anfang dreißig, viel zu alt, um uns kopfüber in etwas hineinzustürzen, was uns möglicherweise die letzten Jahre unserer relativen Jugend verderben könnte. Den Ball flach halten, sagte ich mir. Langsam das Spiel aufbauen. Dabei aus einer gut gestaffelten Defensive nach vorn operieren.

Ich hatte meinen mittlerweile schon völlig ungewohnten Ein-Mann-Abend mit zwei aufeinander folgenden Fußballübertragungen verbracht und dabei, wie ich mit leicht perversem Frohlocken feststellte, kaum an Luise gedacht.

Ich war schließlich keiner von denen, die sich nach einer festen Beziehung um jeden Preis sehnen. Feste Beziehung. Was für ein Ausdruck. Nichts einzuwenden gegen einen festen Händedruck, gegen feste Mauern oder meinetwegen einen festen Po. Aber wie kann eine Beziehung fest sein? Ändern sich Gefühle nicht ständig? Dennoch stellt sich niemand hin und sagt, er hätte gern eine «fließende Beziehung». Was hatte Luise eigentlich gemeint? Vielleicht wollte sie mir auch einfach nur zu verstehen geben, dass sie langsam Zweifel bekam. Na gut. Kein Problem für mich. Was sie kann, kann ich schon lange. Zweifel also.

Ich lag da und versuchte, Zweifel zu haben. Aber dann dachte ich an Luises linke Augenbraue, deren Schwung von einer winzigen Narbe unterbrochen wird, dort, wo sie mit fünf gegen den Küchenschrank gerannt ist. Man sieht diese Narbe nur, wenn man ihr ganz nahe kommt. So nahe, dass man die kleinen zuckenden Lachfältchen in ihrem Mundwinkel sieht, den winzigen Leberfleck genau in der Mitte unter ihrer Unterlippe.

Niemand außer mir hat all das je gesehen. Und das soll auch so bleiben. Egal, ob wir die ganze Sache «feste Beziehung», «die große Liebe» oder «Ich ruf dich morgen an» nennen. Ich schlief ein mit Luises Gesicht im Kopf. Zweifeltechnisch hatte ich voll versagt.

Am nächsten Morgen wachte ich davon auf, dass jemand Sturm klingelte. Ich öffnete die Tür einen winzigen Spalt und blinzelte schlaftrunken ins Treppenhaus. Luise hatte sofort den Fuß dazwischen und drängte sich in die Wohnung wie ein Kriminalpolizist in einer SAT.1-Serie.

«Wird Zeit, dass du mir einen Wohnungsschlüssel gibst», sagte sie und knallte eine Reisetasche auf meinen Fußboden.

«Ich habe nachgedacht.» Sie hängte ihre Jacke auf und sagte: «Das ist ab jetzt mein Haken.» Dann bugsierte sie ihre Tasche mit dem Fuß ins Bad. Ich hörte einen Reißverschluss, dann das unverkennbare Klacken von Schminktiegeln, Parfümflakons und Shampooflaschen, die mit Nachdruck auf Glasborde und Badewannenränder gestellt werden. Und Luise, wie sie sagte: «Es war blöd von mir, mich so anzustellen. Die erste Riesenrate an Glückshormonen haben wir verballert, und jetzt häufen wir mit all den anderen täglichen kleinen Raten ein Wahnsinnsvermögen an. Einen Glücksvorrat von riesigen Ausmaßen. Womit ich eigentlich nur sagen will: Wir ziehen das jetzt durch. Und du brauchst dringend mehr Stauraum im Bad. Und wenn ich an den Zustand deines Kleiderschrankes denke, bin ich froh, dass ich meine eigenen Bügel mitgebracht habe.»

«Wir ziehen das jetzt durch» ist übrigens eine der schönsten Liebeserklärungen, die ich je bekommen habe.

Sei ganz du selbst,
nur besser *Jetzt wird nach-*
verhandelt

Es gibt drei Arten von Beziehungen:

1. Solche, in denen von Anfang an klar ist: Das wird ganz, ganz schwierig. Wenn man noch bei Sinnen/nicht so verdammt einsam/irgendwie fähig wäre, aus Fehlern zu lernen, dann müsste man eigentlich die Notbremse ziehen, auf offener Strecke aus dem Waggon springen, sich seitwärts in die Büsche rollen und einer höheren Wesenheit/der eigenen Geistesgegenwart/Vater und Mutter danken, dass man nochmal davongekommen ist. Aber weil man nicht ganz bei Verstand, verdammt einsam und unfähig ist, aus seinen Fehlern zu lernen, bleibt man eben doch dabei und muss jetzt das Beste daraus machen. Oder weil man den anderen so richtig liebt und davon überzeugt ist: Das ist es. Auch wenn es ganz, ganz schwierig wird.

2. Die, in denen man ahnt, dass nicht alles so großartig bleiben kann, wie es in der ersten Zeit schien. Im Augenblick geht es noch, aber in abseh-

barer Zeit müssen wir uns über ein paar Dinge ernsthaft unterhalten. Seine Eifersucht, die jetzt, am Anfang, noch ganz süß ist, aber irgendwann mit Privatdetektiven oder Abhöreinrichtungen enden könnte. Ihr Jähzorn, der sich im Augenblick nur gegen Autos richtet, die auf dem Fahrradweg parken, den sie aber vermutlich eines nicht allzu fernen Tages an Einrichtungsgegenständen und Geschirr auslassen wird. Oder an einem selbst. Aber erst mal genießt man das Leben und die Liebe und vertagt alles auf später.

3. Die ganz große Liebe, wenn sich endlich die beiden Menschen gefunden haben, die von Anfang an füreinander bestimmt waren, die beide sowieso schon ziemlich perfekt und überdies aus Liebe bereit sind, allerhand vernünftige Kompromisse einzugehen, oder das vielmehr gar nicht nötig haben, weil jeder genau die richtigen Stärken hat, um die liebenswerten kleinen Schwächen des anderen auszugleichen.

Gut, streichen wir Punkt 3. Es gibt natürlich jede Menge Paare, die versuchen, sich selbst und anderen exakt diese Illusion vorzuleben, aber mit diesen Menschen möchte man nicht einmal einen Abend verbringen. Sagen wir also der Einfachheit halber, dass es zwei Arten von Beziehungen gibt: den Ärger von Anfang an und das ganz normale schleichende Elend.

In der normalen Beziehung merkt man plötzlich: Hier und da muss dringend nachverhandelt werden.

Meist dauern die Verhandlungen bis ans Ende der Beziehung. Oder bis einem sowieso alles egal ist, wobei diese beiden Ereignisse oft auf denselben Tag fallen. – Das klingt furchtbar negativ. Ich weiß, dass mein Hang zur Schwarzmalerei Luise auf die Nerven geht. Dazu später mehr. Jetzt bin ich an der Reihe.

Schon in den ersten Wochen und Monaten fielen mir an Luise ein paar Dinge auf, von denen ich ahnte, dass sie sich im Laufe der Zeit von liebenswürdigen kleinen Ticks zu echten Problemen auswachsen würden. Ganz abgesehen davon, dass ich mir nie hätte träumen lassen, eines Tages einer Frau zu verfallen, die Zigaretten für ein probates Mittel gegen Raucherhusten hält. Ich tröstete mich mit dem Gedanken, dass Luise spätestens dann mit dem Rauchen aufhören würde, wenn sie eines Tages schwanger wäre und wir eine kleine Familie gründen würden. Aber wird sie je damit aufhören, mit wildfremden Leuten Streit anzufangen, zu jedem Thema eine, sagen wir, kontroverse Meinung zu vertreten und auf dieser zu beharren, bis sie auch noch den letzten Menschen im Raum gegen sich aufgebracht hat?

«Kannst du nicht einmal die Klappe halten?», frage ich sie, nachdem sie im Bus das Rumgezote und -gerülpse einiger höchstwahrscheinlich gewaltbereiter Jugendlicher laut mit der Bemerkung kommentiert hat, sie käme sich vor wie in einem Clearasil-Werbespot aus der Hölle.

«Nein», sagt sie kurz, während wir durch den

Regen stapfen, weil wir auf mein Betreiben vier Stationen früher als geplant ausgestiegen sind. Dasselbe frage ich sie oft, wenn sie auf die nachlässige Kellnerfrage «Hat's denn geschmeckt?» mit einer detaillierten Beschwerdeliste antwortet, die dazu führt, dass die Gespräche an den Nebentischen verstummen und die Leute angeekelt ihre Teller von sich schieben.

«Luise, du bist ungeheuer aggressiv. Ich meine, entspann dich doch und sieh einfach mal über ein paar Dinge hinweg. Glaub mir, so lebt sich's leichter.»

«Für dich vielleicht. Außerdem, wer ist denn hier aggressiv. Du lässt mich nicht so sein, wie ich bin. Ich mach den Mund lieber einmal zu viel als zu wenig auf, sonst kriege ich Magengeschwüre.»

Manche Leute betrachten ihren Partner als eine Art aufwendiges Hobby, etwas, an dem man immer wieder herumbastelt, bestätigt durch kleine Erfolge (er trägt jetzt keine Bundfaltenhosen und keine Krawatten mit Comicfiguren mehr, sie ruft nicht mehr auf der Arbeit an und lässt ausrichten: «Schnucki vermisst Schnulli»), angestachelt durch die unvermeidlichen Rückschläge (er ist auf hautenge Jeans umgestiegen, sie schickt Faxe mit Kussmündern).

Anderen ist einfach alles egal. Scheißegal, was der Liebste anhat, wie er sich in der Öffentlichkeit aufführt, was für Musik er hört und dass er sich fast ausschließlich von Kräuterschnäpsen und frittierten

Schnitzeln ernährt. Leider können die meisten Menschen mit allzu viel Toleranz auch nichts anfangen, denn dann sagen sie: «Du interessierst dich nicht für mich.»

Meine Anfälle von schlechter Laune, meine unangenehme Eigenschaft, aus einer Verkettung von kleinen Missgeschicken ein Lebensdrama zu machen, waren jedenfalls für Luise ein echter Schock. Denn natürlich war ich kein negativer Mensch, als wir uns kennen lernten, natürlich hatte ich niemals miese Laune und kommentierte nicht jede ihrer Äußerungen mit einem gequälten Stöhnen, als wir die ersten Abende miteinander verbrachten. Aber mit der berüchtigten Normalität kehrte auch meine ebenso berüchtigte Miesepetrigkeit zurück.

Es gab hier nur zwei Auswege: Selbstbeherrschung oder Umprogrammierung. Da sie das Erste für jenseits meiner Fähigkeiten hielt, versuchte Luise das Zweite.

Es war wieder so ein Scheißtag. Übellaunig aufgewacht, Kaffee alle, S-Bahn verpasst. Angemeckert wegen Zuspätkommens. In der Kantine den Ärmel des neuen Jacketts in Linsensuppe gebadet. Schreibtischschlüssel verbummelt, daher ohne Unterlagen in die Besprechung. Auf dem Nachhauseweg eingeregnet. Supermarkt überfüllt, also Tiefkühlpizza. Verbrannt. «Tagesthemen» mit Ulrich Wickert statt mit Gabi Bauer.

Sagte ich bereits, dass es ein Scheißtag war?

«Mehrfach», sagt Luise. «Weißt du, dass du ein ganz schön negativer Typ bist? Versuch doch mal, die Dinge positiv zu sehen.» Ich bin fassungslos: meine eigene Freundin eine Anhängerin jener Massensekte, die übellaunigen Menschen wie mir Frohsinn und Optimismus aufzwingen will mittels der großen Gehirnwäsche, die «positives Denken» heißt?

Aber ein negativer Mensch will ich natürlich auch nicht sein: «Sorge dich nicht, lebe!», mit diesem Dale-Carnegie-Slogan, der mich seit Jahren höhnisch von den Bestsellerlisten anlacht, könnte vielleicht auch ich entspannter, glücklicher und erfolgreicher sein.

«Vielleicht hast du Recht», sage ich also. «Ich versuch's mal. Eine Woche positives Denken. Obwohl ich nicht glaube, dass es funktioniert.»

Luise mustert mich streng. Wie, geht's etwa schon los?

1. Tag Dieser Tag fängt schlecht an. Nämlich damit, dass ich aufwache. So ein, zwei Stunden Schlaf könnte ich gut noch vertragen. Aber jetzt nicht kneifen! Erste Bewährungsprobe: kein frisches Hemd. Gern würde ich greinen. Aber ich suche das Gute daran und finde: den knackig engen roten Zopfpullover, den Luise mir zu Weihnachten geschenkt hat. Ich nehme ihn vom Stapel der untragbaren Klamotten und gehe zuversichtlich grinsend als Zopftomate hinaus in die Welt. Dort trete ich direktemang in einen Kothaufen oder, wie man in Berlin sagt, der Welthauptstadt des positiven Denkens: «ins Jlück». Während ich meinen Schuh am Grünstreifen abreibe, arbeitet mein Hirn fieberhaft daran, das Missgeschick ins Positive zu wenden. Gut, dass ich nicht barfuß war! Na also, geht doch. Im Büro wiederholt Witze über meinen Pullover. Freue mich, als Trendsetter inmitten von Modehirnis aufzufallen. Leider ist mir sehr heiß (47 Prozent Polyester). Schwitze stark. Prima. Reinigt die Poren.

2. Tag Meine Brieftasche mit Geld, Scheckkarte und allen Papieren ist verschwunden. Ungeahnte Perspektiven eröffnen sich mir: billiges Leben auf Pump, eine freie Existenz als Namenloser am Rande der Gesellschaft oder gemütliche Stunden am Telefon und in den Wartesälen der Behörden. Endlich mal wieder Zeit, was Schönes zu lesen. Zum Beispiel die fotokopierten Sprüche an den Bürotüren im Bezirksamt: «Wer nicht arbeitet, macht keine Fehler», «Kollege kommt gleich». Oder die Nummernanzeige im Warteraum. 746. 747. 748. Heute ist 823 meine Glückszahl. Wenn diese Nummer dran ist, werde ich eine warme menschliche Interaktion mit einer jener gebeutelten Sachbearbeiterinnen haben, die oft mit der Begründung «ungeschützter Publikumsverkehr» in den Vorruhestand müssen. Ich lächle sie freundlich an. «Wie lange dauert das mit Ausweis und Führerschein?» – «Vier bis sechs Wochen», sagt sie kalt, darauf lauernd, dass ich jetzt planmäßig austicke. «Das trifft sich gut», sage ich und lächle unbeirrt weiter. «Ich brauche die Papiere keinen Tag früher.» Vielleicht hat Luise doch Recht. Für einen Moment fühle ich mich besser. Ein Wutanfall wäre so sinnlos gewesen wie die Tritte gegen die Radkappe meines liegen gebliebenen Autos neulich. Hey, wozu brauche ich den Führerschein. Der Wagen steht seit vierzehn Tagen in der Werkstatt. Herrlich, wie sich doch alles fügt! Telefonisch meine Karten gesperrt. In der Warteschleife seit Jahren endlich mal wieder «Guantanamera» gehört. Das Leben ist schön. Luise allerdings wirkt leicht besorgt. Fragt, ob es mir gut geht. Sieht man das etwa nicht?

3. Tag Ein ganz mieser Tag. Moment! Ein ganz mieser Tag, um negativ drauf zu sein. Schon besser. Das Tolle am positiven Denken ist ja, dass plötzlich alles zur Herausforderung wird. Man hat ja sonst nichts zu tun. Ich muss eine neue Brieftasche und, wenn es nach meinem Mechaniker geht, auch ein neues Auto kaufen. Meine Mundwinkel krampfen sich in unmittelbarer Nachbarschaft meiner Ohrläppchen fest.

Mir wird eines der Grundprinzipien des positiven Denkens klar: Wenn etwas kaputt- oder verloren geht, muss man sich davon trennen, man lernt, wie die Großmeister des positiven Denkens sagen, «loszulassen». Indem man sich was Neues anschafft. Positives Denken ist offensichtlich die Religion der Wegwerfgesellschaft. Ich entschließe mich für billiges Lederimitat und eine Generalüberholung meines vernachlässigten Fahrrads. Sitze ölverschmiert auf dem klammen Kellerfußboden und fummele an der verrosteten Nabenschaltung herum wie zuletzt als Zehnjähriger. Wundervoll: Autozusammenbruch bringt Miesepriem die verlorene Kindheit zurück. Luise schaut kurz im Keller vorbei und bemerkt lakonisch, mir ginge es «wohl *zu* gut».

4. Tag Im Büro wiederholte Aufforderungen, meine «penetrant gute Laune gefälligst für mich zu behalten». Als positiver Mensch muss man lernen, mit dem Neid seiner Mitmenschen zu leben. Mein Sexualleben tritt in eine Ruhephase, da Luise erklärt, mein fröhliches Jauchzen erinnere sie an deutsche Erotikfilme aus dem ländlichen Milieu. Eine Phase der Askese, eine Zeit der inneren Reinigung.

5. Tag Luise sagt, ich sei ihr fremd geworden. Früher hätte ich geantwortet: «War doch deine Idee, dieser Schwachsinn mit dem positiven Denken.» Heute sage ich milde: «Was ist Fremdheit? Ein negatives Wort für eine positive Entwicklung. Ich entwickle mich. Alles fließt. Geh mit mir auf die Reise.» Luise sagt, sie wolle unsere Verabredung zum

Abendessen dann mal lieber an sich vorbeifließen lassen und stattdessen mit Annika Bier trinken gehen. «Freundschaft ist etwas Wunderbares. Trinken auch. Die einfachen Dinge des Lebens», sage ich gerührt. Luise knallt die Wohnungstür zu. Im Flur fällt das gerahmte Max-Ernst-Poster von der Wand. Sehr gut. Viel zu düster. Sitze den Abend über auf dem Sofa und finde alles gut. Einfach mal wohnen. Wann macht man das schon?

6. Tag Meine Mutter ist am Telefon und fragt, ob ich einer Sekte beigetreten oder unter Drogen sei. «Das Leben ist meine Droge», sage ich schlicht. Erfahre, ich sei «schon immer schwierig» gewesen. Radele im Regen und im roten Zopfpullover zur Arbeit. Einfach die Elemente spüren. Ein Teil des Ganzen werden. Im Büro der Geruch von nasser Wolle. Erinnert mich an den Hund, den ich hatte, als ich Kind war. Wenig Kontakt mit den Kollegen. Zeit, zu mir selbst zu kommen. Rückweg wieder im Regen. Eisiger Wind. Pullover gefriert. Praktisch. Trocknet dann schneller.

7. Tag Liege mit starker Erkältung im Bett. Zeit, auf meinen Körper zu hören. Lächelnd falle ich in einen fiebrigen Schlaf. Höre eine Stimme, die leise zu mir spricht: «Es kotzt dich an. Du bist verdammt genervt. Dir geht's richtig mies. Lass es raus. Es kotzt dich an.» Ein innerer Kampf entbrennt. Das Gute gegen das Böse. Wache schweißgebadet auf. Luise sitzt auf meinem Bettrand und murmelt gerade: «Es kotzt dich an.» – «Was machst du da?», frage ich irritiert. «Negative Gehirnwäsche», sagt Luise. «Die sieben positiven Tage sind vorbei. Du kannst jetzt wieder normal werden. Falls das noch geht.» Ich will mich aufbäumen. Alles tut mir weh. «Mir geht's großartig», krächze ich und versuche vergeblich ein lebensbejahendes Schmunzeln. «Weil ich entdeckt habe, was das Beste am positiven Denken ist.» Meine Freundin blickt besorgt. «Und das wäre?» – «Man genießt es so richtig, mal wieder total schlecht drauf zu sein. Wie die erste Lasagne nach vorzeitig abgebrochenem Heilfasten.» Und dann lehne ich mich zurück und schweige in finsteren Gedanken. Feuchte Wadenwickel. Nervender Arztbesuch. Arbeit, die liegen bleibt. Es ist zum Kotzen. Aber schön, wieder ein Mensch zu sein.

Ein Mensch, der immerhin eines inzwischen positiv sehen kann: Ich weiß, dass Luise sich nicht abgewöhnen wird, jedem, der sie dazu reizt, an Ort und Stelle eins auf den Deckel zu geben. Ich mache das Beste daraus und überlasse ihr die Verhandlungen mit der Hausverwaltung, der Autowerkstatt und sämtliche Behördengänge, die nicht unter allen Umständen meine Anwesenheit verlangen. Dort kann sie sich austoben, während ich zu Hause auf dem Sofa liege und meine schlechte Laune genieße wie einen schweren Rotwein.

Härtetest im Dauerregen *Der erste gemeinsame Urlaub*

Menschen, die Campingurlaub machen, lassen sich in drei Kategorien einteilen:

1. Gemütsmenschen, die sich auf Campingplätzen zu Hause fühlen, weil ihre Wohnwagen exakte Nachbildungen ihrer Eigenheime sind.

2. Masochisten, die es tatsächlich schätzen, auf dem Boden sitzend Bohneneintopf vom Gaskocher zu löffeln, während sie der Fußpilz aus der Gemeinschaftsdusche unter der Sohle juckt.

3. Jungverliebte mit wenig Geld und vielen Illusionen. So wie Luise und ich. Die ersten gemeinsamen Wochenenden hatten unsere Kassen geleert, der Sommer näherte sich seinem Ende, ohne je richtig angefangen zu haben, und so beschlossen wir – zurück zu den Wurzeln! –, in unserem ersten richtigen gemeinsamen Urlaub schön altmodisch campen zu gehen. Zelten, dachten wir, ist ja so romantisch. Allein in der Wildnis. Eins werden mit der Natur. Aufwachen vom Spiel der Sonnenstrahlen im Zelt-

himmel, dem Zwitschern vom Aussterben bedrohter Vögel.

Mit diesen frohen Erwartungen brachen wir mit Zelt und Fahrrädern nach Schottland auf. «Es wird die Rückkehr in den Garten Eden», sagte ich vor unserer Abreise: «Adam und Eva allein in der Natur, fern allen Ballasts der Zivilisation.»

Der Apfel vom Baum der Erkenntnis wird mitunter in Form von Tütensuppen verabreicht. Feucht gewordenen Tütensuppen, um genau zu sein, denn natürlich regnete es, als wir in Edinburgh aus dem Zug stiegen.

«Flüssiger Sonnenschein!», rief Luise beherzt und wollte sich auf ihr Fahrrad schwingen, das jedoch leider nicht in Edinburgh war, sondern in einer walisischen Kleinstadt, deren Name nicht ganz so lang war wie die ortsüblichen Bearbeitungszeiten für fehlgeleitetes Frachtgut. Drei ungeplante Tage im schönen Edinburgh sind an sich keine Katastrophe, konfrontierten uns aber mit den Problemen aller Camper, die sich plötzlich unter zivilisierten Menschen zurechtfinden müssen: Hotelübernachtungen zerstörten unsere Budgetplanung, mit Wanderstiefeln und Plastikhosen kamen wir uns in Museen und Theatern eher deplatziert vor, und meine zu Hause ebenso provokant wie asketisch ausgegebene Devise «Ein T-Shirt pro Woche!» war auch eher auf einsame Landstraßen und trockene Witterungsverhältnisse ausgerichtet.

Als der Regen nach drei Tagen in spätsommerlichen Graupel überging, zeichnete sich langsam ein Muster ab: Ich verfiel bei heraufziehendem Unheil regelmäßig in Weltuntergangsstimmung, was sich etwa so äußerte, dass ich mich nach stundenlanger vergeblicher Quartiersuche irgendwo am Wegesrand ins feuchte Heidekraut warf und ausrief, mir sei nun «alles egal». Luise dagegen versuchte Krisen durch aggressive Nichtbeachtung zu meistern, etwa wenn sie drei Meilen mit plattem Reifen auf den Felgen fuhr, weil Flickzeug und Luftpumpe aus nie geklärten Gründen daheim geblieben waren.

Als wir endlich doch noch einen Campingplatz gefunden hatten, wurde uns bewusst, dass wir das mitgebrachte Zelt vor dem Schlafengehen auch noch aufbauen mussten. Nachdem der holländische Platznachbar unsere Teleskopstangen fachmännisch ausgerichtet und die letzte Schnur gespannt hatte, musste Luise des Zelt bis in die hinterste Falte nach Spinnen, Zecken und Kerbtieren untersuchen, da ich durch die (erfolglose) Suche nach einem Blasebalg und besonders durch eine einschlägige Phobie unabkömmlich war. «Alles Ungeziefer ertrunken», vermeldete sie trocken, während ich gegen die so genannte Luftmatratzen-Ohnmacht beim Aufblasen derselben ankämpfte.

Apropos Luftmatratze: Ein Zelturlaub bietet die denkbar ungünstigsten Bedingungen, um die sexuellen Aspekte einer neuen Beziehung zu vertiefen. Sagen wir's, wie es ist: Sex im Zelt verläuft im Allgemeinen so ungestört wie Simultanschach auf der

Achterbahn. Grundsätzlich ist es im Zelt entweder zu kalt oder zu warm. Die Schlafsäcke sind entweder zu eng oder im Weg. Bei jeder heftigen Bewegung droht akute Slapstickgefahr, und nicht einmal das Kamasutra sieht eine Stellung vor, die sich auf halb leeren Luftmatratzen oder fingerdünnen Isomatten nicht nur schmerzfrei, sondern auch lustvoll einnehmen ließe. Davon abgesehen, dass man auf Campingplätzen etwa so viel Privatsphäre hat, als würde man sich in der Fußgängerzone hinter einem Duschvorhang küssen.

Natürlich hatten auch Luise und ich mit dieser speziellen Schlafsackerotik Probleme. Eines Morgens, als endlich die Streitgespräche unserer Nachbarn über das WM-Achtelfinale Deutschland–Holland (1990!) verstummt, die anderen Zelte abgebaut und die Wohnmobile abgefahren waren, blieben wir einfach liegen. Endlich hatten wir Ruhe! Wir genossen das beschauliche Prasseln des Regens aufs Zeltdach und das stetig lauter werdende Nageln eines Dieselmotors. Als ich nach einiger Zeit den Kopf aus dem Zelt streckte, hatte ein großer gelber Bulldozer unsere Ecke des Zeltplatzes komplett abgetragen; bis auf die kleine Insel im Schlammmeer, auf der sich unser Zelt befand.

«Habt ihr die Schilder nicht gesehen?», rief mir der ansonsten so wortkarge Platzwart zu. «Wir bauen hier einen Parkplatz!» Um dann süffisant hinzuzufügen: «Aber natürlich erst, wenn ihr fertig seid!»

Noch heute erinnern wir uns immer wieder an die

Kette von kleinen Katastrophen und mittleren Missgeschicken, die unser erster gemeinsamer Urlaub war.

Man darf nicht vergessen: Ein Zwei-Personen-Zelt hat keine Schmollecke. Man hat nicht einmal eine Bettdecke, die man sich über den Kopf ziehen könnte. Und es gibt keine Tür, wenn man mal so richtig eine zuknallen möchte. Es bleibt einem nur eines übrig: Man muss sich zusammenraufen. Man kann nicht auf stur schalten, während Ameisen das Essen wegtragen. Und nach einer Woche auf einem durchgesessenen Fahrradsattel hat man keine Lust mehr, irgendetwas auszusitzen.

Zu Hause fragten unsere Freunde besorgt, wie es denn jetzt weitergehen würde mit Luise und mir. Berechtigte Frage. So manches Paar wird nach dem ersten gemeinsamen Urlaub feststellen, dass es höchste Zeit ist, abermals nachzuverhandeln oder sich schlimmstenfalls wieder auf längere Zeit im Universum der Ein-Personen-Haushalte einzurichten. Egal, ob man ein paar gemeinsame Wochen in der Hölle eines außer Kontrolle geratenen Pauschalurlaubs durchlebt hat, beim Wandern gemeinsam an die Grenzen der körperlichen und nervlichen Belastbarkeit gegangen ist oder sich beim Strandurlaub mit vereinten Kräften einem verschärften Hautkrebsrisiko gestellt hat. Der erste gemeinsame Urlaub ist immer die Stunde der Wahrheit: Man ist dem anderen ausgesetzt, rund um die Uhr. Und dann entdeckt man plötzlich ein übellauniges, mäkeliges

Monstrum, einen faulen Sack, der sich nur für den Hotelfernseher interessiert, eine hysterische Ziege, die schon bei der ersten Verspätung der Chartermaschine einen Tobsuchtsanfall bekommt. Wir können uns ausrechnen, wie das weitere Zusammenleben mit der Schreckgestalt an unserer Seite verlaufen wird. Nirgendwo geht so viel schief wie im Urlaub: Die Erwartungen sind hoch, die Umgebung ist ungewohnt, das Geld rinnt einem durch die Finger, ständig ist man dem Wohlwollen von Menschen ausgeliefert, die ihren Lebensunterhalt damit verdienen, einen übers Ohr zu hauen. Die ideale Vorbereitung auf den Alltag, wo man derlei Schwierigkeiten in etwas weniger geballter Form schließlich auch gemeinsam meistern muss. Entweder man stellt fest: Es geht gar nicht. Oder man rauft sich wunderbar zusammen.

Luise und ich haben nach unserem Schottland-Debakel beschlossen, in nicht allzu ferner Zukunft zusammenzuziehen. Denn seit wir Seite an Seite durch die Hölle der zusammenschnurrenden Luftmatratzen und ausgelaufenen Spiritusflaschen gegangen sind, kann uns nichts mehr erschüttern. Ein Campingurlaub ist der beste Partnertest. Im Grunde sollte jeder zu Beginn einer halbwegs ernst gemeinten Beziehung zum Testzelt greifen.

Es kann sein, dass der erste gemeinsame Urlaub zugleich der letzte ist, weshalb es wenig sinnvoll ist, mit dem gemeinsamen Verreisen bis zu den Flitterwochen zu warten. Im Urlaub ist man möglicherweise gezwungen festzustellen, dass man zwar denselben Planeten bewohnt, aber aus zwei völlig verschiedenen Welten kommt. Etwa dann, wenn der oder die Mitreisende in eine der folgenden Kategorien fällt.

Die Hartschalen-Tussi Ich erinnere mich, wie ich im Sommer nach dem Abi mit meiner damaligen Freundin Yvonne nach Griechenland fahren wollte. Wir waren erst wenige Wochen zusammen, die Welt stand uns weit offen, und die Tatsache, dass wir einander nicht besonders gut kannten, schien die Aussicht auf einen gemeinsamen Urlaub noch aufregender zu machen. Yvonne und ich wollten per Interrail fahren, Inselhopping machen, am Strand schlafen. Jedenfalls waren das meine Vorstellungen. So trafen wir uns also am Abreisemorgen am Flughafen, ich in abgeschnittenen Jeans und Sandalen und mit dem alten Bundeswehrrucksack meines Vaters auf dem Rücken, unten dran baumelte die Isomatte. Und Yvonne so wie immer, türkisfarbene Bluse, stonewashed Jeans mit fabrikneuen Löchern und schwarze Wildlederpumps (wir schrieben das Jahr 1988), einen roten Hartschalenkoffer hinter sich herziehend.

Ein Hartschalenkoffer ist ein echtes Problem, wenn es darum geht, einen Schlafplatz am Strand zu suchen oder nachts auf der Suche nach einem Quartier für unter 15 Mark die unbefestigten Straßen eines Fischerdorfes zu bewältigen. Notgedrungen blieben wir die meiste Zeit an einem Ort, Yvonne bräunte und war's zufrieden, während ich danebensaß und demonstrativ den Kykladenführer für Backpacker auswendig lernte.

Der Pauschal-Pascha Luise erzählt gern, wie sie mit ihrer großen Jugendliebe Heiner verreiste und feststellen musste, dass dieser stillschweigend davon ausging, sie würde im Sommerhaus an der dänischen Küste die Rolle seiner Mutter übernehmen: kochen, sauber machen und ihn ständig auffordern, nicht den ganzen Tag zu Hause zu sitzen und «Derrick» oder «Tatort» auf Dänisch zu schauen (laut Luise «Tatørt», was ich tatsächlich eine Weile geglaubt habe). Heiner war ein Vorläufer jenes in unserer Altersgruppe weit verbreiteten Männertyps, der a) nicht weiter als eine Bastmattenlänge von der komplett durchorganisierten Hotelanlage wegzukriegen ist und der b) zu Hause ein durchaus hilfsbereiter und aufgeklärter Zeitgenosse sein mag, im Urlaub aber auf sein Recht pocht, sich rund um die Uhr bedienen zu lassen, was dann – ach, die Arbeitsmoral des einheimischen Personals! – meist an der Freundin hängen bleibt.

Der Ruinen-Stresser Die Gegenfigur zum Pauschal-Pascha. Man glaubt, es stünden einem zwei entspannte Wochen an der Seite des Liebsten bevor. Dieser aber hat den Urlaub nicht nur bis in die letzte Viertelstunde verplant, sondern erwartet auch noch bei jeder schwer zugänglichen Ausgrabungsstätte ungespielte Ekstase. Eindeutige Warnsignale sind ein mehrseitiges, mit dem Computer liebevoll gestaltetes Reiseprogramm («6.30 Uhr kl. Frühstück, 6.45 Uhr Abfahrt zur Klosterruine Soundso, 16.45 Uhr Ankunft, kl. Imbiss») sowie eine Fotoausrüstung, die nicht in die Gepäckablage des Flugzeugs passt. In vielen dokumentierten Fällen tauchten die Reisebegleiterinnen von Ruinen-Stressern schon zum Diaabend zwei Wochen nach der Rückkehr nicht mehr auf.

Der Freizeit-Geizkragen In der Heimat ist es nicht so aufgefallen. Gut, er hat beim ersten gemeinsamen Abendessen sein Portemonnaie vergessen. Außerdem neigt er dazu, nur einen kleinen gemischten Salat zu bestellen und dann die Reste von den anderen Tellern zu essen («Ihr seid doch schon fertig, oder?»). Eine liebenswerte Marotte, mehr nicht. Denkt man. Doch der Urlaub beginnt damit, dass die gebraucht gekauften Winterreifen («superbillig!») 900 Kilometer vorm Ziel ihren Geist aufgeben.

Unverdrossen weist er darauf hin, dass man durch die um zwei Tage verspätete Anreise nun einen billigeren Skipass bekäme. Wenn er auf der Hütte Kochdienst hat, gibt es Reis mit Ketchup für alle. Zwischendurch redet er über sein Lieblingsthema: Geld und wo man es einsparen kann. Das heißt: Er nervt einen im Urlaub mit genau jenen trostlosen Alltagsproblemen, von denen man sich eigentlich erholen wollte. Teilt man ihm mit, dass man sich in Zukunft längere Zeit von ihm erholen will, rechnet er alles nochmal durch und erklärt sich einverstanden, weil ihn die Trennung unterm Strich «einfach billiger kommt» als eine kostspielige Beziehung.

Das Cliquen-Monster Ganz schlimm kann es werden, wenn man sich breitschlagen lässt, gemeinsam mit der Clique des neuen Freundes oder der neuen Freundin zu verreisen. Zu Grundschulzeiten musste man ja bei «Woolworth» «Barbie»- oder «Big-Jim»-Ausrüstung klauen, einen Löffel Froschlaich essen oder «Frau Kleindienst riecht nach Kacke» an die Tafel schreiben, um in eine Clique aufgenommen zu werden (regionale Unterschiede mögen vorliegen). Später ist es viel unangenehmer: Man muss sich bunte Geschichten darüber anhören, was für ein schlimmer Finger der Liebste früher («also bis vor sechs Wochen») doch war, denn vermutlich sind vier oder fünf Frauen anwesend, mit denen er entweder liiert oder zumindest im Bett war, man muss von morgens bis abends so genannte Insiderwitze über sich ergehen lassen, über die alle anderen sich ausschütten vor Lachen, während man selbst im Stillen zu der Überzeugung gelangt, unter diesen humortechnischen Bedingungen doch lieber Outsider bleiben zu wollen. Keinesfalls sollte man jedoch darauf zählen, dass der oder die Liebste zu einem hält. «Stell dich nicht so an, die anderen machen doch nur Spaß», heißt es dann und: «Susi hat's wirklich nett gemeint, als sie fragte, ob deine Hose eingelaufen sei.»

Aber all das hat auch sein Gutes. Reisebüros bieten zwar keine einschlägigen Rückerstattungsversicherungen für Urlaube mit den falschen Partnern an (Marktlücke!). Aber zu Hause hätte man womöglich Monate gebraucht, um zu merken, dass man sich statt der Liebe seines Lebens einen lästigen Irrtum eingehandelt hat. Es trennt sich leichter unter Palmen. Und an den meisten populären Ferienzielen steht bekanntermaßen frisches Flirtmaterial in rauen Mengen zur Verfügung. Der gemeinsam gebuchte Rückflug kann unter diesen Umständen allerdings zu einer echten Herausforderung werden.

Mach doch, was
du willst *Freiräume und wie man*
sie aufteilt

Kritiker der festen Beziehung wie mein Freund Daniel vergleichen dieses Modell menschlichen Zusammenlebens gern mit dem Alltag unter einem totalitären Regime: Immer muss man dem großen Ganzen dienen, jeder Alleingang ist ein unkalkulierbares Risiko, und bei der kleinsten Fehlleistung muss man aufstehen und Selbstkritik üben, um nicht auf der Stelle standrechtlich erschossen zu werden.

Daniels letzte feste Freundin Ramona (die er zu einer Zeit hatte, als es in Europa noch wesentlich mehr totalitäre Regimes gab als heute) hatte tatsächlich stark ausgeprägte diktatorische Züge: Im Prinzip hätte Daniel für jeden Kinobesuch ohne Ramona, für jeden Samstagnachmittag allein im Fußballstadion, erst recht für jeden Abend mit seinen Kumpels oder gar mit einer alten Freundin einen schriftlichen Antrag stellen müssen. Jede mündliche Ankündigung von Daniel, heute «mal was allein» machen zu wollen, endete in einer ganz besonderen

Form der Zweisamkeit: dem nächtelangen Krach bis zum Morgengrauen. Manchmal setzte Daniel sich durch. Dann rief er mich an und verabredete sich mit den Worten, er habe «Freigang».

Diese Form der Unterdrückung ist zwar extrem, aber in abgeschwächter Form haben wir sie alle schon erlebt. Und ausgeübt.

Zwei Stichwörter drängen sich in diesem Zusammenhang auf: Freiraum und Nudelholz. Früher verabschiedeten sich Männer von ihrem Stammtisch mit den Worten: «Ich muss nach Hause, sonst schwingt meine Olle das Nudelholz.» Die meisten Frauen sitzen nicht mehr wartend zu Hause, hilflos grollend, weil Männe den Wochenlohn in der Eckkneipe verflüssigt. Stattdessen sind sie mit ihren Freundinnen unterwegs oder einfach heilfroh, zu Hause endlich mal in Ruhe über ihre Beziehung nachdenken zu können. Heutzutage wissen wir, dass wir alle ein Recht auf «Freiraum» haben.

«Freiraum» klingt ein bisschen wie der Katalogbegriff für eine schmucklose Gartenlaube. Doch über den Freiraum erzählt man sich die dollsten Dinge: Wer sich immer schon gefragt hat, wo nach all den Monaten und Jahren der ununterbrochenen Zweisamkeit noch die Liebe herkommt, dem werden Psychologen sagen: aus den Freiräumen. Freiräume sind so eine Art Biotop für gute Gefühle. Jeder hat genug Platz, alles ist gut belüftet und kann sich entwickeln, ohne ständig platt getrampelt zu werden.

Als Martin mit Constanze zusammenkam, hatten

wir alle noch mehr Zeit, es war ein schöner Sommer, und wir pflegten an ein oder zwei Nachmittagen in der Woche im Park Fußball zu spielen. Die ersten paar Wochen war Martin verschwunden. Das war völlig okay für uns, erstens war er ja frisch verliebt, und zweitens neigte er dazu, uns Kommandos zuzubrüllen wie «Über die Außen gehen!» oder «Ruhe ins Spiel bringen!», was total schwachsinnig ist, wenn man drei gegen drei auf zwei Tore aus Rucksäcken und Bierkästen spielt. Eines Nachmittags tauchte er aber auf. Wir hatten gerade eine kleine Pause eingelegt, um zu klären, ob die alte Regel «Schütze holt» auch für den Aszendenten gilt, als Martin und Constanze selig grinsend auf uns zugeradelt kamen.

«Na, auch mal vorbeischauen?», fragte Robert.

«Wieso? Jetzt wird gespielt!», sagte Martin und versuchte, ein paar Dehnübungen nachzumachen, die er bei Auswechselspielern im Fernsehen gesehen hatte.

«Ich leg mich so lange in die Sonne», sagte Constanze. «Ihr habt doch nichts dagegen, oder?»

Natürlich nicht. Auch nicht beim nächsten Mal, und all die Male danach. Wie hätten wir etwas dagegen haben können, dass Constanze nachsichtig lächelnd dabei saß, wenn wir nach dem Spiel in kurzen Hosen im nächsten Straßenlokal schlechte Witze rissen, bis die Anwohner drohten, das Ordnungsamt einzuschalten.

Ich war gar nicht so undankbar für Constanzes

Daueranwesenheit, ihre Hand auf Martins Arm, ihre strenge Kontrolle über seinen Bier- und Pastakonsum, denn all das waren gute Argumente für mich, meinen Zustand als Single nachdrücklich zu genießen. An einem Abend aber, als Constanze gerade auf der Toilette war, fasste sich Arno ein Herz und sagte zu Martin: «Sag mal, hast du nicht mal Lust, was alleine zu machen? Ich meine, versteh mich nicht falsch, aber … willst du nicht auch mal für dich sein?»

Martin sah Arno geduldig und ein wenig mitleidig an. «Das verstehst du nicht. Wart erst mal ab, bis du wieder 'ne Freundin hast.»

Als Robert und ich nach Hause radelten, sagte er: «Ich werde Annika sagen, sie soll Constanze mal auf den Zahn fühlen. Martin kann uns gegenüber nicht zugeben, dass ihm Constanzes Dauerbeschattung auf die Nerven geht, denn das würde ja bedeuten, dass ihre Beziehung doch nicht so toll ist, wie er immer tut.»

Am nächsten Abend rief Robert mich an. «Annika hat vorhin mit Constanze telefoniert. Die beiden haben sich für morgen Abend verabredet. Und jetzt rate mal, was Constanze kurz vorm Auflegen gesagt hat? Ob sie was dagegen hat, wenn Martin mitkommt.»

Wir waren ratlos. Konnte es das geben? Zwei Menschen, die sich dermaßen lieben, dass sie keine Sekunde ohneeinander sein können?

«Es war ein bizarrer Abend», sagte Annika einige

Tage später. «Martin saß die ganze Zeit dabei, hat debil gegrinst und kaum ein Wort gesagt. Und sogar Constanze war am Ende ein bisschen irritiert. Als Martin auf dem Klo war, hat sie gesagt: ‹Wir müssen mal in Ruhe telefonieren.›»

Martin begleitete Constanze zum Friseur und unterhielt sie dort mit Anekdoten aus seinem Sportstudium. Er log schamlos, Richard Gere schon immer bewundert zu haben, um Constanze und ihre Schwester in Filme zu begleiten, die er sich sonst nicht mal auf einem 18-stündigen Flug angeschaut hätte. Er holte Constanze von der Arbeit ab.

Keine Unternehmung, keine Verabredung war ihm zu abseitig, um nicht freudestrahlend zu verkünden: «Prima! Da komm ich mit.»

Nach knapp zwei Wochen war die Grenze erreicht. Constanze rief ihn im letzten Augenblick an und erwähnte beiläufig, man sähe sich ja wohl frühestens morgen, da sie nach dem Dienst ihre 14-tägliche Skatrunde mit den anderen Schwesternschülerinnen habe, und da könne es wie immer sehr spät werden. Martin faselte etwas von «euch alle Schneider schwarz spielen» und «zu viert ist doch viel schöner, kann immer einer kiebitzen», bis Constanze zusammenbrach. An diesem Abend verzichtete sie auf die Skatrunde zugunsten eines beziehungstechnischen Grundsatzgesprächs, in dessen Verlauf die beiden klärten, dass es wohl doch besser wäre, wenn jeder auch mal was für sich allein macht: «Dann weiß man die Zeit zu zweit viel mehr zu schätzen.»

Inzwischen sind drei Jahre vergangen, aber so richtig locker gehen die beiden immer noch nicht mit den Freiräumen des anderen um: Martin hat relativ festgelegte Heimkehrzeiten, und wenn er diese überschreitet, klingelt garantiert irgendwann sein Handy. Umgekehrt zieht Martin ein langes Gesicht, wenn Constanze Spätdienst hat und anschließend mit ihren Kolleginnen noch «ganz spontan» einen trinken geht. Aber die beiden sind nicht unglücklich, keiner von ihnen hat das Gefühl, der andere schnüre ihm die Luft ab. – Manche Paare mögen ihre Freiräume klein und übersichtlich, das gibt ihnen ein Gefühl von Sicherheit und Geborgenheit.

Luise und ich hatten vor allem am Anfang ein ganz spezielles Problem. Es fiel uns beiden schwer, dem anderen zu sagen, dass wir heute Abend oder den Sonntag über am liebsten einfach mal allein wären.

Ist doch völlig normal, beruhigte ich mich selbst, als ich das erste Mal feststellte, dass ein Abend allein vor der Stereoanlage genau das war, was ich jetzt am liebsten wollte. Wir haben monatelang jede freie Minute miteinander verbracht, aber wir sind doch immer noch die gleichen Menschen, die wir waren, bevor wir uns zusammengeschlossen haben. Und ich bin schon immer gern allein gewesen. Habe das Essen mit ins Bett genommen und einen Roman gelesen, in dem rücksichtslos von der Schusswaffe Gebrauch gemacht wird. Oder mit Kopfhörer jene Platten gehört, bei denen Luise schon nach wenigen

Minuten meint, sie müsse sich «auf der Stelle einen dicken Schmalzpfropfen ausspülen lassen, und ich rede nicht von Ohrenschmalz». Oder einfach dagesessen und zugeschaut, wie die Bäume vorm Fenster dunkler werden.

Aber jetzt wäre ich mir vorgekommen wie ein Verräter an der gemeinsamen Sache.

Kurz darauf hatten wir folgendes Telefonat:

Luise (leicht hoffnungsvoll): «Und, kommst du heute Abend noch vorbei?»

Ich (entscheidungsschwach): «Kann ich schon machen.»

Luise (jetzt stark hoffnungsvoll): «Musst du nicht.»

Ich (verdutzt, dabei Obertöne von Gereiztheit): «Wie, ich muss nicht? Ich weiß, dass ich nicht muss. Soll ich denn?»

Luise (neutral): «Du sollst gar nichts.»

Ich (in die Offensive gehend): «Heißt das, du wärst lieber allein?»

Luise (vorsichtig, dann mit einem Ruck): «Na ja, was heißt lieber … also: ja.»

Ich (kühl): «Ah ja.»

Luise (wieder vorsichtig): «Das nimmst du doch nicht übel, oder?»

Ich (schmollend): «I wo.»

Den gängigen Klischees zufolge klammern die Frauen, während Männer sich danach sehnen, nächtelang mit den Kumpels von damals breite Schneisen durch die einschlägige Gastronomie zu schlagen, kichernde Frauen wahllos anzuflirten und dann und wann mit hochgeschlagenem Mantelkragen allein und unverstanden durch verregnete Gassen zu wandern.

Es gehört zur Bürde des Mannseins, den Mythos von den wilden Jahren aufrechterhalten zu müssen.

Wer nie seine wilden Jahre hatte, sie aller Wahrscheinlichkeit nach auch nicht mehr erleben wird, tröstet sich wenigstens im Nachhinein mit zu Legenden ausgeschmückten Halbwahrheiten über goldene Zeiten. Glaubt man diesen Erzählungen, dann war die Welt vor zehn Jahren bevölkert von einer Horde fröhlicher, trinkfester Halbkrimineller, die jede Menge erstklassigen Sex mit vielen Frauen hatten und die allesamt in Bands spielten, die es «um ein Haar geschafft hätten, aber dann wurde die Freundin von unserem Drummer schwanger».

Und weil die feste Beziehung genau das Gegenteil dessen ist, was Männer sich unter ihren «wilden Jahren» vorstellen, klagen sie halbherzig darüber, sie kämen irgendwie nicht dazu, ihr «eigenes Ding durchzuziehen». Ich rate in diesem Fall dringend davon ab, allzu genau nachzufragen, was dieses «eigene Ding» ist, es sei denn, man hat lange nicht mehr herzhaft gelacht. Maybrit jedenfalls erzählt noch heute gerne, Rufus sei wochenlang unausstehlich gewesen, bis es eines Tages aus ihm herausbrach: Er hätte sich schon immer gern tätowieren lassen, nur würde Maybrit das ja wohl niemals verstehen.

«Wenn es dir so wichtig ist», sagte Maybrit.

«Es ist mir wahnsinnig wichtig», sagte Rufus, 31, Vertriebsleiter eines mittelständischen Büroartikelherstellers. Seitdem hat er eine Tätowierung, die ihm inzwischen allerdings nicht mehr ganz so wichtig ist. Jedenfalls wird er nicht gern darauf angesprochen. (Ist es ein blutendes Herz? Ein Adler, der einen Aktendeckel in den Klauen hält? «Alles Schlampen außer Maybrit»?)

Bevor man also um Freiräume kämpft, sollte man wissen, ob

1. überhaupt die Notwendigkeit besteht zu kämpfen und

2. was zum Teufel man mit dem eroberten Freiraum eigentlich anfangen will.

Dabei ist nichts so schön und praktisch wie ein Partner, der ein reges und interessantes Eigenleben führt. Man hat ab und zu seine Ruhe und bekommt obendrein unterhaltsame Geschichten aus der Welt des Vereinssports, der Kleinkunstszene oder der Tätowierstudios geboten. Und wer immer aufeinander hockt und überall zusammen auftaucht, wird nie erfahren, wie schön es sein kann, den Schlüssel des anderen im Schloss der gemeinsamen Wohnungstür zu hören.

Double Dates, Spieleabende und andere Perversionen *Wenn Paare auf Paare treffen*

Nicht so schön am Paar-Dasein ist, dass man sich oft in der Gegenwart anderer Paare wieder findet. Dies scheint auf den ersten Blick nur natürlich, ist aber in den meisten Fällen eine zwischenmenschliche Zumutung. Als Single kann man sich in Gegenwart von Paaren mit dem Gedanken trösten, wenigstens nicht in die gleiche Kategorie zu fallen wie die sonderbaren Leute, die sich ständig betatschen oder verdeckt gegeneinander stänkern, dies immer vor dem Hintergrund dubioser Freizeitvergnügungen wie Spieleabende, Videoabende und Double Dates.

Der Spieleabend Kurz nach dem Dessert schnappte die Falle zu. Arglos lächelte ich unseren Freunden beim Tischabräumen zu.

«Bleibt ihr noch ein bisschen?», fragte Robert. Ich hörte, wie in der Küche eine Flasche entkorkt wurde. «Ich habe alle Zeit der Welt», sagte ich leichtfertig. «Gut», freute sich Robert, dieser verschlagene, sadistische Geiselgangster, den ich in diesem Moment noch für meinen Freund hielt. «Wir haben ein tolles neues Gesellschaftsspiel, und zu sechst macht es doch am meisten Spaß.»

Ich erstarrte. Atombombentests rivalisierender Schwellenländer sind ein unbeschwertes Vergnügen, verglichen mit dem Ausprobieren eines neuen Brettspiels im so genannten Freundeskreis. Unter dem Einfluss bunt bedruckter Pappbretter zeigen befreundete Paare ihr wahres Gesicht. Großzügige Lebenskünstler verwandeln sich beim Anblick schlecht geschweißter Plastiktrophäen in vibrierende Nervenbündel, denen bei anhaltendem Würfelpech bittere Tränen in die Augen treten. Lebensfrohe Individualisten bestehen plötzlich greinend darauf, mit dem blauen Männchen zu spielen. Es ist kein schöner Anblick, wenn erwachsene Menschen sich mit mühsam unterdrückter Verbitterung anherrschen: «Ich bin blau!» – «Tut mir Leid, ich bin immer blau.» – «Das blaue Männchen steht aber schon auf meinem Feld.» Was für ein Spaß!

Doch vor die gnadenlose Charakterentblößung und die Erosion alter Freundschaften haben die Götter die Spielanleitung gesetzt. Man muss ja wissen, wie man seine Freunde mit Hilfe von Zauberhüten, Piratenschätzen und Räuberpistolen demütigen kann. Oft wird von einer besonders willensschwachen Person, meist Arno, verlangt, die circa 80-seitige Anleitung in Ruhe «durchzulesen», während alle anderen sich langsam betrinken und die anschließende Erklärung dann mit sehr, sehr lustigen Bemerkungen unterbrechen.

Die Alternative wird in einschlägigen CIA-Handbüchern als «Ravensburger Anleitungsfolter» empfohlen («noch grausamer als die Chinesische Wasserfolter»): Ein Mitspieler mit feuchter Aussprache und extrem monotoner Stimme (also Martin) trägt die gesamte Anleitung vor, und zwar einschließlich der sinnlosen Fantasy-Märchen, die unter der Überschrift «Zum Hintergrund des Spieles» firmieren. Natürlich hört schon bei «Ziel des Spieles» keiner mehr hin, denn wir alle kennen das Ziel: Gewinnen, Triumphieren, Siegen, und zwar mit möglichst gelassener Miene. Dabei steht alles auf dem Spiel. Es geht darum, endlich jene rivalisierenden Paare niederringen zu können, die mehr Geld verdienen, eine schönere Wohnung und größere Autos haben als wir; jene unangenehmen Zeitgenossen also, die wir unsere Freunde nennen. Was nützt Martin und Constanze der Balkon nach hinten raus, wenn ich ihnen mit ironischer Gelassenheit das goldene Schlüsselchen zur verwunschenen Spukburg vor der Nase wegschnappe!

Für Paare ist das Gesellschaftsspiel überdies die ideale Verlängerung eines durch die Abendeinladung unterbrochenen internen Streits. Besonders Spiele, in denen geknetet, gezeichnet oder etwas pantomimisch erklärt werden muss, eignen sich hervorragend, um die Lebenstüchtigkeit des Partners subtil in Frage zu stellen: «Und dieses Rumgehopse soll der ‹kategorische Imperativ› sein? Kein Wunder, dass du auch sonst nichts zustande kriegst.»

Immer sage ich mir: Lehn dich einfach zurück und sieh zu, wie alle anderen sich ineinander verbeißen und gemeinsam in den Abgrund rutschen. Tu leicht zerstreut und geistesabwesend, rede über etwas anderes, wundere dich nebenbei über deine gelungenen Spielzüge, sodass sie am Ende das Gefühl haben müssen, von jemand in den Staub geworfen worden zu sein, dem das alles herzlich gleichgültig ist und der dann noch die Stirn hat, mit weltabgewandter Amüsiertheit zu sagen: «Nee, was, ach, hab ich jetzt gewonnen? Hab ich gar nicht gemerkt.»

Aber auch an jenem Abend bei Robert scheiterte ich wieder. Es fing damit an, dass ich Braun bekam, obwohl ich seit dem Erringen der vorübergehenden «Risiko»-Weltherrschaft anno 1979 immer mit Gelb spiele. Derart aus dem Konzept gebracht, vermasselte ich das unauffällige Beiseiteschummeln einiger Golddublönchen. Und als ich endlich mein hässliches braunes Männchen über die Ziellinie brachte, lagen die meisten Mitspieler schon im Bett.

Wenn es etwas gibt, was ich noch mehr hasse als Leute, die nicht verlieren können, dann ist es, selbst zu verlieren.

Der Videoabend Der Videoabend im Kreis befreundeter Paare ist eine grausame Abart des Spieleabends. Meist steht am Anfang die Grundidee, es sich «zusammen mal wieder so richtig gemütlich» zu machen. Aber da alle insgeheim wissen, dass es nie so richtig gemütlich werden kann, wenn Paare einfach so beieinander sitzen (es sei denn, es sind Drogen im Spiel, aber wir müssen ja morgen wieder früh raus), muss für irgendeine Art von Rahmenprogramm gesorgt werden. Also beschließt ein Menschenfeind in der Gruppe, man könnte ja für nach dem Essen noch den und den Film ausleihen, den er im Kino verpasst habe. Da Letzteres auf andere Mitglieder der dem Untergang geweihten Abendgesellschaft jedoch nicht zutrifft, müssen erst unzählige Filmvarianten durchgespielt werden. Was sich in der Theorie immer wie ein guter Plan anhört, wird im Handumdrehen zu einem hochkomplizierten Unterfangen, das meist in unendliche Diskussionen zwischen Videothekenregalen mündet. Im allerunwahrscheinlichsten Fall, dass wir einen Film gefunden haben, den wir uns wirklich alle ansehen wollten, wird es erst recht kein entspannter Abend.

Der Mensch als Einzelperson ist durchaus in der Lage, minutenlang am Stück zu schweigen. Das Paar als solches dagegen redet praktisch pausenlos, zumindest, wenn andere Paare in der Nähe sind. So wird der Videoabend durchgehend akustisch unterlegt mit Kommentaren bzw. Nachfragen zum Fortgang der Handlung (Martin und Constanze), kleinen Streitigkeiten im Bereich der Snackwaren (Robert und Annika), leisen Klagen darüber, den Film ja doch lieber auf Englisch/Französisch/Japanisch sehen zu wollen, denn in der Synchronisation gehe «ja so viel verloren» (Maybrit und Rufus), und nicht zuletzt von Luises wiederholten Versuchen, ein vom Film unabhängiges Gesprächsthema aufzubauen. Meist werde ich müde und träume dann sehnsüchtig davon, in jener afrikanischen Stammeskultur beheimatet zu sein, von der meine Kollegin Christine neulich begeistert erzählte: Dort besuchen die Menschen ihre Freunde, begrüßen sich kurz und legen sich dann auf die Matte, um ein ausgedehntes Nickerchen zu halten. Sind sie wieder aufgewacht, verabschieden sie sich, und alle haben etwas davon gehabt. Wo sind die Menschen, die bereit sind, mir auf diese Weise ihre Freundschaft zu beweisen?

Das Double Date Stattdessen wollen sich befreundete Paare mit uns treffen und essen, trinken oder ins Kino gehen. Der amerikanische Kulturkreis bezeichnet diese zwischenmenschliche Perversion geschäftsmäßig als «Double Date». Die zutreffende Übersetzung lautet «zwei gegen zwei». Aber das eigentlich Abschreckende am Double Date ist nicht die Versuchung, das andere Paar durch ausführliches Zurschaustellen des eigenen geglückten Lebensentwurfes niederringen zu wollen, sondern das verstörende Gefühl, einen Abend lang in einen Spiegel zu starren. Sind wir auch so ein komisches Paar? Fallen wir uns auch so gegenseitig ins Wort? Brüten wir auch so passiv-aggressiv über der Speisekarte, um Aufmerksamkeit zu erringen?

Außerdem hat die Double-Date-Situation etwas extrem Festgelegtes: Unser Status als Teil eines aus zwei Menschen bestehenden Minisystems ist selten so deutlich und so unverrückbar, wie wenn wir einem anderen Paar gegenübersitzen. Die gängige Reaktion darauf ist, die Viererrunde in wechselnde Gruppen aufzuspalten: Zu Beginn des Abends unterhalten die Männer und die Frauen sich untereinander, als wären die jeweils anderen beiden nicht da; dann wird, je nach Brauchbarkeit des Gebotenen und Alkoholpegel, eine Weile entweder pflichtschuldigst oder ausufernd geflirtet, und am Ende, wenn alle davon erschöpft sind, was sie sich wieder zugefügt haben, unterhalten sich die Paare jeweils gelangweilt über Interna.

Auf dem Heimweg folgt dann endlich der schönste Teil. Das Schönste an der festen Beziehung nämlich ist nicht das gemeinsame Einschlafen und Aufwachen. Nicht der Sex und nicht die Phasen dazwischen. Nein, das Schönste daran ist, nun endlich gepflegt über andere Paare herziehen zu können.

Die meisten Menschen sind uns völlig egal, aber sobald sie unsere Freunde werden, fangen wir an, mit ihnen zu konkurrieren. Besonders mit befreundeten Paaren. Geht es ihnen gut, so argwöhnen wir, dass irgendwas faul sein muss. Geht es ihnen schlecht, so richten wir uns daran auf, dass andere auch nicht besser dran sind als wir. Und geht es ihnen ganz normal, dann finden wir schon noch einen Grund, warum es ihnen doch eigentlich schlecht geht.

Dabei tun wir exakt das, was wir uns selbst strengstens verbitten würden: Wir nehmen die anderen Paare in unserem Bekanntenkreis stur als Einheit wahr. Nicht etwa als zwei Individuen, die ein Stück Lebensweg gemeinsam zurücklegen, im Grunde aber unabhängige Menschen mit eigener Geschichte sind, sondern als eine Art Kleinfirma, die gerade wieder das eine oder andere Ding in den Sand gesetzt hat.

Wir haben alle mit uns befreundeten Paare bewusst oder unbewusst in ein bestimmtes Schema gepresst, einen Referenzrahmen, der es uns leichter macht, über sie herzuziehen. Aber es ist ein ständiges Geben und Nehmen. Denn während wir wieder einmal auf dem Heimweg sind und den Zustand der Beziehung von Martin und Constanze diskutieren, den halböffentlichen Streit von Robert und Annika mit verteilten Rollen nachschmecken und die versteckten Streicheleinheiten von Arno und Natalie kommentieren, klingeln uns durchgehend die Ohren. Irgendwo denken gewisse Leute gerade an uns, und zwar laut.

Hast du was?
Was denkst du gerade? *Und: Will*
ich das wirklich wissen?

Es gibt ein paar Fragen, die man niemals stellen sollte in einer Beziehung. Dazu gehören: Hast du was? Was denkst du gerade? Liebst du mich? Und die Variante: Warum liebst du mich eigentlich?

Man soll über alles reden, man soll den Partner alles fragen können, aber auf keine dieser Fragen wird man je eine Antwort bekommen, die einen irgendwie weiterbringt.

«Liebst du mich?» Was soll man darauf antworten? Natürlich: «Aber sicher, mein Schatz, was fragst du denn, komm her, Liebste, Liebster, kuschel, kuschel.» Da es sich hierbei rein syntaktisch um eine Frage handelt, könnte man natürlich auch sagen: «Nein, wie kommst du darauf?» oder «Sehe ich so aus?». Tut man aber nicht, weil man gar nichts anderes sagen kann als siehe oben. Wenn man etwas anderes antworten könnte, würde man nicht gefragt.

Man kann die Frage natürlich auch tarnen. Etwa, indem man fragt: «Warum sagst du eigentlich nie, dass du mich liebst?»

«Blöde Frage», sagt Luise. «Hast du irgendwelche Zweifel daran?»

«Nein. Aber man hört es doch ganz gerne, so von Zeit zu Zeit.»

«Ich sage den Satz mit den drei Worten einfach nicht gern, weil er der abgedroschenste unter der Sonne ist. Jede verdammte Schnulze, jede Vorabendschmonzette läuft irgendwann auf diesen Satz hinaus. Der ist einfach total abgenutzt.»

«Aber das macht mir nichts aus.»

«Glaub mir, ich liebe dich zu sehr für diesen Satz.»

«Na bitte, es geht doch.»

«Mieser Trickser.»

«Hast du was?» Wer das fragt, weiß natürlich ganz genau, dass der andere «was» hat. Das heißt aber nicht, dass «Was hast du eigentlich?» die bessere Alternative wäre. Die Wahrscheinlichkeit ist groß, dass man auf die erste Frage die Antwort «Nein» und auf die zweite die Antwort «Nichts» erhält, und dann sitzt man da und ärgert sich, weil man denkt: Die hat doch was, will es mir aber nicht sagen, wer bin ich eigentlich, dass ich mich hier zum Narren halten lasse, verarschen kann ich mich selber, und zack, hat man aus dem Nichts den schönsten Streit vom Zaun gebrochen. Wer's mag.

Ebenso ist es möglich, dass der andere wirklich «nichts hat», sich allein auf die Frage hin aber entschließt, doch «was» zu haben.

Also sollte man lieber gleich konkret werden, indem man etwa sagt: «Bist du eigentlich verstimmt, weil gleich meine Draufmacherfreunde vorbeikommen/wir seit Wochen nicht mehr miteinander geschlafen haben/du an unserer Beziehung zweifelst?» Damit geht man zwar einem möglichen Streit nicht aus dem Wege, hält den Konflikt aber immerhin überschaubar.

«Was denkst du gerade?» Traditionell stellen Frauen diese Frage jenen Männern, deren Kommunikationsbedarf sich auf «Noch Bier da?» und «Wo sind eigentlich meine Hausschuhe?» beschränkt. Männer, heißt es immer wieder, schweigen viel und gern. Ab und zu stehen sie auf, sägen was aus, dübeln was an oder hängen sich einen bunten Acrylschal um, auf dem «Die Macht von der Spree» steht, und murmeln: «Ich geh dann mal. Kann spät werden.» Den Rest der Zeit sitzen sie nur so da und sagen gar nichts, was Frauen am Anfang ungeheuer tiefsinnig finden, bis es sie irgendwann fuchsig macht und sie fragen: «Was denkst du gerade?» Die Männer sagen dann: «Nichts», und dann gehen die Frauen fort, um sich dem nächsten geheimnisvollen Schweiger an die wortkarge Brust zu werfen. Aber weil Männer auch nicht ganz blöde sind, reden sie mittlerweile so viel, dass kaum Zeit bleibt, sie zu fragen, was sie gerade denken. Sollte man meinen. Ich habe allerdings festgestellt, dass bereits wenige Minuten arglosen Schweigens ausreichen, zur Offenlegung meiner Gedankengänge angehalten zu werden. Gern auch unter Verwendung der besonders vertraulichen Kurzform «Denkst'n du?».

Natürlich nicht «nichts». Leider aber auch nichts Tiefsinniges oder Mitteilenswertes. Der moderne Mann kann mit einigen Standardantworten Punkte machen, etwa, indem er antwortet: «Ach, mir gingen gerade allerhand Namen für die Kinder durch den Kopf, die ich mit dir haben will. Wie findest du Ronja und Lukas?» Oder: «Ich war einfach gerade sprachlos vor Glück.» Oder: «An die letzte Nacht» (funktioniert nur, sofern beide diese zusammen verbracht haben, andernfalls problematisch). Die Gefahr dabei ist allerdings, dass die Freundin von nun an ständig fragen wird, um sich an den süßen kleinen Schwindeleien ihres Freundes zu erfreuen.

Wer dagegen wirklich seine Ruhe haben will, sollte lieber strikt bei der Wahrheit bleiben und dementsprechend antworten: «Ich habe mich gefragt, ob ich mit Robert wirklich fünfzig Mark darauf hätte wetten sollen, dass Leverkusen Meister wird», «Ich habe mir ausgemalt, wie es wäre, mit der Frau da drüben verheiratet zu sein».

Das Verblüffende ist, dass Frauen fast immer etwas Interessantes zu sagen haben, wenn man sie fragt, was sie gerade denken. So habe ich erfahren, dass Luise sich ausmalt, Staubmäuse würden wirklich leben und sich immer nur tot stellen, wenn man sie fixiert, dass sie sich bei jedem guten Stück im Radio vorstellt, sie spiele das Schlagzeug und unterhalte eine rein sexuelle Beziehung mit dem Gitarristen, und dass sie beim Sonntagsfrühstück darüber nachsinnt, wen sie Maybrit vorstellen könnte, um sie von Rufus loszueisen. Also stelle ich die Frage selbst recht gern.

Brötchenmärtyrer, Doppeldiktaturen und die Sexkeule *Macht und wie man sie missbraucht*

Für Millionen Menschen ist das Leben eine Abfolge flacher unterer Brötchenhälften. Sesam, Sechskorn, Kleie, Mohn oder Kürbiskern? Darauf verzichten sie gerne. Wortlos reichen sie uns die so viel schönere obere Hälfte über den Frühstückstisch. Für sie beginnt der Tag mit einer Selbstentsagung. Für uns mit Dankbarkeit und Schuldgefühlen. Bundespräsidenten mögen den mangelnden Willen zur Opferbereitschaft in unserer Gesellschaft beklagen, aber in der Beziehung gedeiht die Lust am Verzicht: die Brötchenmärtyrer sind unter uns.

Und sie opfern sich nicht nur an der Backwarenfront. Wenn wir um sechs Uhr rausmüssen, quälen sie sich ebenfalls aus den Kissen. Sie brühen uns einen düsteren Kaffee, der irgendwie mies drauf schmeckt. Dann stehen sie da im grauen Bademantel, grimmig an die Einbauküche gelehnt, und mustern uns mit einer Mischung aus Abscheu und

Hochgefühl. «Mit aufstehen» nennen sie dieses asketische Ritual, und es bedeutet: Gemeinschaft, innig bis zur Erbitterung. Morgendliche Berauschtheit an der eigenen Qual.

Natürlich sitzen die Brötchenmärtyrer im Auto immer hinten, mit besonderem Genuss, wenn sie über 1,90 oder rheumatisch sind und die Karre nur zwei Türen hat. Nein, wir sollen nicht nach vorn rutschen, denn die Brötchenmärtyrer brauchen das Gefühl schlecht gepolsterter Kleinwagensitze an ihren Knien. Ihr Leibgericht ist alles, was «wegmuss». «Nee, iss du nur», sagen sie, wenn wir ihnen vom gerade fertig gestellten Salat anbieten, und dann sitzen sie da, kauen am aufgewärmten Spinatauflauf von vorgestern und legen ab und zu die Hand auf den Magen, als erwarteten sie, jeden Moment mit akuter Lebensmittelvergiftung in die Grube zu fahren. Die mit Abstand schönste Zeit im Jahr ist für sie die Planung des gemeinsamen Urlaubs: «Ich würde ja gern mal so eine richtig schöne Radtour quer durch die neuen Bundesländer machen, aber – klar, verstehe ich völlig, dass du da keine Lust zu hast. Kreta, toll! Ach, erinnere mich daran, dass ich vorher wegen meiner Sonnenallergie zum Hautarzt gehe. Kreta, ja, ich freu mich mit dir. Schade, dass ich das griechische Essen so schlecht …», usw., usf. Wie sich da der Schrippensamariter insgeheim freut! Denn wenn wir zu ihm sagen würden: «Fahrradtour durch den Osten? Ist gebongt! Wann geht der nächste Zug nach Zwickau?», dann würde er ganz schön blöd aus der Wäsche gucken. Er will, dass wir unseren Willen bekommen. Dann drücken uns nämlich Schuldgefühle, während er seinen Edelmut und seine Großzügigkeit gierig in sich hineinfrisst. Die Heiligen von der Sonnenblumenkernsemmel schmieren uns ihren heldenhaften Charakter zwar nicht auf die obere Hälfte. Aber sie sorgen schon dafür, dass wir garantiert mitkriegen, was sie wieder für uns getan haben: Sie wollen «nur mal abbeißen», weil sie Sesam eigentlich am allerliebsten mögen, sie machen erst mal eine Runde Lockerungsübungen, wenn sie hinten aus dem Auto steigen, und am kretischen Strand lesen sie mit entsagungsvollem Gesichtsausdruck Fontanes «Wanderungen durch die Mark Brandenburg».

Wie sonst kann man in unserer kleinen und fremdbestimmten Welt so billig Macht genießen?

Wenn sich zwei Menschen zusammentun, entscheiden sie sich gewissermaßen für eine Regierungsform: Demokratie («Was hälst'n du davon, wenn …?»), Diktatur bzw. Aristokratie («Kommt gar nicht in die Tüte, dass du …» bzw. «Aber natürlich, Königin meines Herzens …»), Kommunismus («Wir finden, dass …») oder, in den allermeisten Fällen, Anarchie oder besser gesagt: Chaos.

Früher pflegte man die an und für sich unübersichtliche Situation in der Ehe gern dadurch zu vereinfachen, dass man davon ausging, der Mann («Herr im Haus», «Haushaltsvorstand», «der Alte») sei eine Instanz, die durch gewisse noch höhere Instanzen (Bibel/Papst/Herrgott, Tradition, Partei-programm der CSU, Natur, Patriarchat) mit einem Vetorecht und Richtlinienkompetenz ausgestattet sei. War dies in einigen Fällen ganz offensichtlich nicht gegeben, da der fragliche Herr unverkennbar ein Schwachkopf und/oder ein so genannter Pantof-felheld war, sagte man mit einer Mischung aus Häme und Herablassung: «Bei Lehmanns hat ja wohl die Olle die Hosen an.» Manche Männer wei-nen diesen Zeiten hinterher, betrinken sich gemein-sam mit Gleichgesinnten oder suchen sich ein nost-algisches Frauchen, das es großartig findet, aus einer Position der Unterlegenheit heraus zu operieren.

In allen Lebensbereichen, die man als Paar zusam-men bewohnt, gilt es, Macht zu verteilen und ver-antwortungsvoll auszuüben: Wer liebt wen wann mehr oder weniger? Wer möchte mehr Sex, wer we-niger? Wer gesteht wem wie viel Freiheit zu? Wer bringt wen dazu, wie viel Hausarbeit zu erledigen? Wer kann wen mit Tränen fertig machen, mit Schmollen, mit Schweigen, mit Schreien und mit Worten?

Alles beginnt und endet mit der Frage, wer mehr liebt und wer weniger. Zwar ist diese Frage eigent-lich völlig absurd, weil Liebe an sich keine quantifi-zierbare Größe ist, es sei denn, man hält «doll», «ganz doll» und «ganz, ganz arg» (Lokalvariante Baden-Württemberg) für geeichte Normwerte. Wer viel liebt und wer wenig, ist in den meisten Fällen keine Tatsachenfeststellung, sondern nur ein Gedankenspiel, das dazu dient, sich selbst und dem Partner das Leben schwer zu machen. Dabei gibt es dafür genügend andere Möglichkeiten, zum Beispiel:

Die Sexknute Mein Freund Martin fühlt sich selbst als Unterdrückter in einer ganz speziellen Hinsicht: Er leidet darunter, dass Constanze ihn, wenn er sie gegen sich aufgebracht hat, «nicht ranlässt» (dies ist der Fachausdruck, den Martin bevorzugt, obwohl er Assoziationen weckt von Kleinkindern mit klebrigen Fingern, die von der Mutter daran gehindert werden, sich über die Geburtstagstorte herzumachen). Mit anderen Worten: Martin sieht sich als Opfer der Sexknute, der Bestrafung durch Befriedigungsentzug.

«Und dann liege ich da, zwei, drei Nächte hintereinander, und zerbreche mir den Kopf darüber, was ich jetzt schon wieder falsch gemacht habe, während ich fürchte, langsam an Testosteronvergiftung zu sterben», sagt Martin, Vertreter der guten alten Allzeit-bereit-Schule. Meistens fällt ihm tatsächlich irgendwann ein, was er «jetzt wieder falsch gemacht» hat, doch dummerweise ist er über Constanzes Liebesentzug dann schon dermaßen sauer, dass es zu einem Streit kommt, der dann leicht ins Unerfreuliche lappt, weil die ganze «Nicht-Ranlassen»-Thematik auch gleich noch mit abgehandelt werden muss. Es liegt nahe, den Machtkampf, der in jeder Beziehung tobt, aufs Schlafzimmer auszudehnen. Aber über Sex zu streiten ist immer besonders demütigend und destruktiv.

Undurchsichtige Machtverhältnisse Bei Arno und Natalie handelt es sich um ein Paar, in dem die Macht auf den ersten Blick ganz und gar ungleich verteilt scheint. Natalie ist die sprichwörtliche Traumfrau, die jederzeit das Weite suchen könnte und im Nu einen Mann an jedem Finger und nochmal so viele auf der Warteliste hätte, während Arno das liebe kleine Dickerchen ist, das sein ganzes Leben auf Natalie gewartet hat und ziemlich sicher weiß, dass nach ihr nicht mehr viel kommen kann. Und auch auf den zweiten Blick ist ziemlich klar, wer in dieser Beziehung die Entscheidungen trifft. Eine Zeit lang bedauerten wir Arno in seiner Abwesenheit deshalb als «Schwächling» und «traurige Gestalt». Hatte Natalie nicht schon dadurch wahnsinnig viel Macht über ihn, dass er jahrelang um sie geworben und sie sich irgendwann doch noch gnädig herabgelassen hatte? Das Merkwürdige ist nur, dass die beiden so unverschämt glücklich und ausgeglichen sind.

Wir vermuten, dass Arno über ein ganzes Arsenal verborgener Machtinstrumente verfügt, darunter höchstwahrscheinlich und vor allem: Schmollen und Schweigen. Außerdem muss man sich vor Augen halten, dass im Fall eines normalerweise so netten, lieben Mannes wie Arno jede noch so kleine Unmutsäußerung sofort ein riesiges Gewicht erhält. Ganz zu schweigen vom gelegentlichen Tobsuchtsanfall, den wir Arno seit unserem Junggesellen-Urlaub in Italien 1993 durchaus zutrauen (die Wette mit den «rasierten Eiern», von wegen besoffen gewesen, aber lassen wir das Thema).

Zum anderen kann man aus der vermeintlich schwächeren Position durchaus dauerhaft erfolgreich operieren. Möglicherweise jubelt Arno Natalie allerhand Sachen unter, die ihm wichtig sind, und gibt ihr das Gefühl, sie sei zuerst darauf gekommen. Anders lässt sich ihr gemeinsamer Besuch beim «Star-Trek»-Konvent in Bonn 1998 nicht erklären.

Nicht zu unterschätzen ist auch die masochistische Befriedigung, die man daraus ziehen kann, scheinbar der Unterlegene zu sein. Durchströmt einen dabei nicht ein angenehmes Gefühl von süßem Selbstmitleid? Der Duft von beleidigter Leberwurst zieht durch die Wohnung, und im Stillen machen wir schon die Rechnung auf: Gut, diesmal habe ich ganz schön eingesteckt. Aber das merke ich mir. Guthaben nennt man das. Aktives Guthaben.

Offene Machtspiele Luise und ich haben uns in einer beschaulichen Doppeldiktatur eingerichtet: zwei Klugscheißer und Besserwisser, die beide immer das allerletzte Wort haben müssen. Am Anfang dachte ich: Au Backe, das kann ja nicht lange gut gehen, diese Frau ist genau so vernagelt, verbohrt, genau so größenwahnsinnig wie ich. Inzwischen halte ich es für die ideale, ja, die einzig wirklich Erfolg versprechende Konstellation (größenwahnsinnig, ich sagte es bereits). Denn im Laufe der Zeit haben wir gelernt, unsere Auseinandersetzungen als das zu schätzen, was sie sind: Machtspiele. Mit der Betonung auf Spiele. Macht ist eine viel zu ernste Angelegenheit, um sie wirklich ernst zu nehmen.

Spielen kann man aber nur, wenn beide sich an gewisse Regeln halten, so vage und unformuliert sie auch sein mögen: Heute gewinnst du, morgen ich, und übermorgen wieder ich. Gut, dann mal wieder du. Meinetwegen, wenn's denn sein muss.

Windspiel gegen
Stecktabelle *Zusammenziehen*

Als Luise und ich uns kennen lernten, hatte ich, evolutionstechnisch gesehen, das Stadium des Höhlenbewohners gerade erst vor wenigen Monaten hinter mir gelassen. Ich lebte inmitten von Umzugskisten und halb zusammengebauten Ikea-Möbeln in einer ebenso dunklen wie lauten Zwei-Zimmer-Wohnung. Da saß ich nun und war todunglücklich, denn ich vermisste meine Männer-WG.

Die Geheimnisse der Männer-WG Nach der Geburt muss ein Mann noch genau zweimal in seinem Leben einen wärmenden, schützenden Schoß verlassen. Das erste Mal, wenn er sein Kinderzimmer räumt. Das zweite Mal, und der Unterschied zum Kinderzimmer ist nur graduell, wenn er seine kuschelig-miefige Männer-WG verlässt. Für viele Männer ist dieser Schritt das wahre Geburtstrauma. Denn die Männer-WG ist ein friedlicher, idyllischer Ort, eine arkadische Landschaft aus verstreuten

Tennissocken, Bundesliga-Stecktabellen und Pamela-Anderson-Postern. Der Schock ist groß, wenn wir aus diesem Paradies vertrieben werden. Meine neue Wohnung war ein miserabler Ersatz für meine geliebte Männer-WG, und daher hatte ich nichts dagegen, als Luise schon nach relativ kurzer Zeit vorschlug, wir sollten zusammenziehen.

Dass ich mental noch immer in der Lebenswirklichkeit der Männer-WG verwurzelt war, sollte in der Zeit der Wohnungssuche und in den ersten Monaten des Zusammenlebens zu einem gewissen Problem werden. Frauen, die mit einem Mann zusammenziehen wollen, sei daher geraten, behutsam zu Werke zu gehen und ihrem Lebensabschnittspartner eine gewisse Übergangsphase zu gönnen.

Vielleicht lässt sich die Männer-WG am besten anhand ihres spirituellen Mittelpunktes erklären. Es ist dies der Bierkasten. Oder, richtiger: der Kasten Bier. Noch genauer: 'n Kasten Bier. Ganz egal, ob aus diesem getrunken wird oder nicht – es geht einfach darum, «'n Kasten Bier im Haus» zu haben. Er ist der augenfällige Beweis einer grundehrlichen, geradezu bauarbeiterhaften Bodenständigkeit, die wir uns trotz unserer lahmen Schlipsträgerjobs bewahrt haben. Ein Mann braucht einen Bierkasten, um einem anderen Mann seine Zuneigung auszudrücken: «Komm doch mal vorbei, wir haben auch 'n Kasten Bier im Haus.»

Der Kasten Bier dient außerdem als Legitimation

aller möglichen Aktivitäten, die ohne ihn ziellos, ja, läppisch erscheinen würden: «Dann trommeln wir ein paar Leute zusammen, schnappen uns einen Ball, gehen in den Park, und wir bringen 'n Kasten Bier mit.» Zum Kasten Bier gehören in der Männer-WG zahlreiche Rituale, etwa das, keinen Flaschenöffner im Haus zu haben, um die Flasche wortlos mittels Feuerzeug, Rohrzange, Tischkante oder am Kasten selbst zu öffnen – wobei die letzte Variante sicher die schönste ist, der Kasten Bier als vollkommenes, geschlossenes System. Kein Wunder übrigens, dass man Männer, die lange in Männer-WGs gelebt haben, oft an einer kronkorkenförmigen Narbe unter der Fußsohle erkennt.

Fast so wichtig wie der Kasten Bier ist der blaue Müllsack. Er reduziert nicht nur die Gänge zum Container auf einen pro Monat, er garantiert auch, dass der Kontakt zu den Eltern nicht völlig abreißt: Etwa alle sechs bis acht Wochen schleppen WG-Männer ihre Schmutzwäsche in dem von innen feucht beschlagenen blauen Müllsack zu Mama. Denn die Männer-WG hat keine Waschmaschine oder aber eine, die seit Jahren defekt ist.

Das hat nichts mit Faulheit zu tun, vielmehr kommt es in Männer-WGs zu einer physikalischen Anomalie von kosmischen Ausmaßen: Das Gesetz, dass Energie nicht verloren gehen kann, wird in jeder Männer-WG tagein, tagaus aufs Neue widerlegt. Energie wird hier spurlos abgesaugt, bis selbst der größte Ehrgeizling seine Aktivitäten darauf beschränkt, eine Kuhle in die Fernsehcouch zu sitzen und ab und zu «Bloß kein Stress» zu nuscheln. Wenn überhaupt, denn nach jahrelangem Zusammenwohnen beschränkt sich die verbale Kommunikation in der Männer-WG zumeist auf verschiedene Intonationen des Kosewortes «Alter». «Alter» ohne Betonung bedeutet: Hallo, wie geht's, wie war dein Tag? «Alteeer», gedehnt: Ausdruck großer Begeisterung und Anerkennung, etwa wenn ein Mitglied der WG Pizza bestellt und sogar bezahlt hat. «Alter!», nachdrücklich: Du stehst im Bild.

Man merkt schon: In der Männer-WG herrschen vorzivilisatorische Zustände. Viele dort praktizierte Verhaltensweisen sind nur als tief verwurzelter Aberglaube zu erklären: Nie den Klosettdeckel runterklappen, das bringt Unglück! Die hinteren Regionen des Kühlschranks sind geschützter Lebensraum für mutierte Lebensmittel und für Menschen tabu! Comiclektüre erleichtert den Stuhlgang!

Aus diesem Biotop werden wir jäh herausgerissen, wenn wir zum ersten Mal in unserem Leben mit einer Frau zusammenziehen. Als unsere Männer-WG von der Abrissbirne der heterosexuellen Anziehungskraft niedergerissen wurde, ereilte alle meine Freunde dasselbe Schicksal: Frauen, die in das Zusammenleben völlig unbekannte Komponenten hereinbrachten. Vor allen Dingen kalte, schneidende Vernunft: «Wieso einen ganzen Kasten? Das trinken wir doch nie!»

Früher kauften wir Lebensmittel stückweise nachts an der Tankstelle, jetzt bekommen wir Einkaufszettel an die Hand, deren einzelne Posten in der Reihenfolge der Warenregale im Verbrauchermarkt geordnet sind. Vorbei ist es auch mit der Harmoniesucht, die wir aus der Männer-WG gewöhnt waren. Zum ersten Mal stellen wir fest, dass man Probleme auch anders lösen kann, als sie vor dem Fernseher auszusitzen. Wir lernen, dass es außerhalb der Männer-WG nicht zur Versöhnung reicht, dem anderen wortlos ein blutiges Steak zu braten.

Am gravierendsten aber ist das Ende der Gemütlichkeit. In der Männer-WG kamen Kumpels vorbei («Habt ihr 'n Kasten Bier da?»), heute haben wir Gäste. Wir werden plötzlich gezwungen, uns Gedanken zu machen über Tischdecken, Menü-Abfolgen und Gesprächsstoff, wo früher die Pizza direkt aus dem Lieferkarton alle drei Probleme auf einmal löste. («Mann, ist die Pizza heute wieder schmierig.» – «Kannste laut sagen.» – «MANN, IST DIE PIZZA …», usw.)

Während der Mikrokosmos Männer-WG sich selbst genug ist, geraten wir nun ständig mit der Außenwelt in Berührung: mit Theatern, Museen, Einrichtungshäusern und mit den Müllcontainern hinten auf dem Hof. Erst im Zusammenleben mit einer Frau werden wir langsam zu funktionstüchtigen Mitgliedern der sozialen Gemeinschaft. Aber diese Evolution vom Höhlenbewohner zum Homo lebensgefaehrtiens ist ein schmerzhafter Prozess, der uns viele Opfer abverlangt. Zum Beispiel Martins Hemdentrick, der uns das Bügeln ersparte: ein ungebügeltes Hemd einen Tag lang unter einem Pullover anziehen, sodass es am nächsten Tag nicht mehr ungebügelt aussieht, sondern so, als sei es gebügelt worden und dann am Körper zerknittert. Nun kann man das Hemd noch zwei Tage ohne Pullover anziehen! Wir haben ihn für seine Weisheit bewundert. Constanze hat ihm nahe gelegt, einen Bügelkurs zu belegen.

Robert pflegte seinen Sessel so vor den Fernseher zu schieben, dass er den Fuß bequem auf den Fernsehtisch auflegen konnte, um mit der nackten Zehe die Programme zu wechseln und die Lautstärke zu regeln, denn die Batterien der Fernbedienung waren seit langem leer. Eine schöne, körperliche Form von Interaktivität, eine symbiotische Einheit von Mensch und Medium, die langen Fernsehabenden eine geradezu metaphysische Qualität verlieh. Annika kaufte einfach neue Batterien, nachdem sie zusammengezogen waren.

Vorbei die Zeiten, da wir uns mit dem heißen Eierwasser einen Zeit und Energie sparenden und obendrein mineralhaltigen Beuteltee aufgossen. Noch schwerer aber ist es, Nudeln ohne Hilfe der Küchendecke zu kochen. In unserer Männer-WG hatten wir nämlich einen genialen Trick entwickelt, den man in einschlägigen Gourmet-Kochbüchern vergeblich sucht: Um festzustellen, wann die Spaghetti fertig sind, nimmt man ein paar aus dem Topf und schleudert sie an die Decke. Fallen sie wieder herunter, so sind sie noch zu hart. Bleiben sie kleben, sind sie genau richtig. Buon appetito! Und da es in unserer vierjährigen WG-Zeit mindestens dreimal die Woche Nudeln gab (in Haushalten mit Frau grundsätzlich nur «Pasta» genannt), kann man sich vorstellen, wie beim Auszug die Decke aussah.

Wie Frauen wohnen Das also war die Welt, aus der ich kam, und Luise war vorgewarnt. Und ich? Ich war nicht nur gewarnt, ich war alarmiert. Sicher, ich hasste meine Wohnung, und ich fand es großartig, dass Luise, statt langsam das Interesse zu verlieren, unsere Beziehung durch einen gemeinsamen Mietvertrag zementieren wollte. Aber war ich wirklich schon so weit? Wahrscheinlich ist es wie mit dem Kinderkriegen: Es passt eigentlich nie, nur wollten wir beide aus unseren Wohnungen raus. Ich, weil ich inzwischen alle gängigen Lkw-Modelle am Motorengeräusch unterscheiden konnte, und Luise, weil sie mehr Platz brauchte: Lager- und Ausstellungsräume für ihren ganzen Plunder. Ich sollte mich an der Miete beteiligen und dafür einen Schlafplatz zugewiesen bekommen.

Frauen haben eine merkwürdige Art, sich einzurichten. Luise ist zwar relativ klein, aber auch große Frauen finden es völlig normal, Lampen grundsätzlich so niedrig zu hängen, dass jeder über 1,70 Meter bei der geringsten Bewegung einen Beleuchtungskörper vor die Stirn geknallt kriegt. Wobei sie auf die Lampen eigentlich gleich verzichten könnten, denn Frauen lieben Kerzen. Männer haben Kerzen im Haus, damit sie, wenn der Strom ausfällt, auf dem Klo weiter «Sport-Bild» lesen können. Frauen dagegen preisen ihr «natürliches, warmes» Licht und entzünden mattweiße Kerzen auch schon zum Frühstück, wenn die Morgensonne voll auf die Butter knallt. Das ist rätselhaft, aber man kann darüber hinwegsehen. Nicht allerdings, wenn es sich um Duftkerzen handelt. Dafür sind Frauen unterm Strich besser im Aussortieren verfallener Lebensmittel, Männer haben da oft einen eher archivarischen Drang («Mensch, guck mal, den Joghurt hab ich gekauft, als Helmut Kohl noch Bundeskanzler war»).

Gewisse Probleme hatte ich jedoch mit dem Windspiel, das bei Luise vor der Balkontür von der Gardinenstange baumelte. Oft entlädt sich die vielschichtige Spannung der gemeinsamen Wohnungssuche, des Umzugs und Einrichtens an einem einzigen Gegenstand. Bei uns war es das Windspiel. Die Dinger sollen beruhigend wirken, aber ich kriege Depressionen davon. Ich will nicht, dass ein Luftzug in meiner Wohnung das gleiche Plingplong macht wie in Millionen anderen Wohnungen auf der Welt.

Es folgten mehrere heimliche Auf- und Abhängaktionen, in deren Verlauf das verfluchte Öko-Glockenspiel irgendwann riss und unbrauchbar wurde. Luise trägt es mir heute noch nach und meint, dadurch wäre ihre «versehentliche» Entsorgung meiner «Kicker»-Bundesliga-Jahreshefte (1979/80 ff.) in den Umzugswirren «mehr als aufgewogen».

Die Ikea-Depression Auf unsere neue Wohnung einigten wir uns schnell, begünstigt dadurch, dass wir durch unsere finanziellen Möglichkeiten einer- und Luises Vorstellungen andererseits (Altbau, Dielen, Balkon, die heilige Dreifaltigkeit des modernen Wohnungssuchenden) stark eingeschränkt und die Auswahl mehr als gering war. So blieb am Ende genau eine übrig, die zwar schlecht lag, aber was heißt das schon, wenn man sowieso kaum noch rauskommt. Bei der Einrichtung hatte ich Luises Übermacht wenig entgegenzusetzen, und für den Rest traten wir eine der gefürchteten Fahrten zu Ikea an. All den Paaren in unserem Alter, die in der «SB-Möbelhalle» Einrichtungsgegenstände, Küchengerät und Topfpflanzen auf ihre Wagen packen, steht eine unübersehbare emotionale Zerrissenheit in die Gesichter geschrieben: jähe Genervtheit, alternierend mit Zweisamkeits-Euphorie. Alles, was man hier kauft, ist perfekt auf die Ängste von Menschen um die dreißig hin konzipiert: Die Möbel sind haltbar und praktisch genug, um mit ihnen eine kleine Familie zu gründen, zugleich sind sie aber preiswert und so leicht wieder zu zerlegen, dass man sich's jederzeit anders überlegen, alles auseinander schrauben und wieder ausziehen kann. Vielleicht werde ich deshalb jedes Mal depressiv, wenn wir zu Ikea fahren.

Ein Gefühl übrigens, das ich nicht so schnell wieder abschütteln konnte. Eine merkwürdige Melancholie breitete sich in mir aus. Jetzt war ich endgültig erwachsen. Jetzt war ich kein autonomer Einzelmensch mehr, jemand, der zwar eine Freundin hatte, ansonsten aber auf eigene Rechnung handelte. Jetzt war ich Teil einer Lebensgemeinschaft, die ein gemeinsames Türschild hat.

Luise ging es nicht anders. Aber inzwischen leben wir über ein Jahr zusammen, und ganz abgesehen davon, dass der Alltag zu zweit leichter zu organisieren ist, redet man mehr miteinander, als man es vorher getan hat. Man füllte die sonst so öden Zwischenzeiten, das Abspülen, Aufräumen, Warten auf die «Tagesschau» damit, sich über alles zu unterhalten, was einem in den Sinn kommt. Natürlich haben wir jetzt auch viel mehr Gelegenheit, das zu zelebrieren, was wir früher oft vermieden haben, indem wir uns ein, zwei Tage aus dem Weg gegangen sind: Wir streiten uns.

Wir streiten uns oft, und wir streiten heftig. Jetzt kann keiner von uns mehr sagen: «Ich geh dann mal.» – «Ich geh dann mal in mein Zimmer» klingt irgendwie doof. Und nach ein, zwei Stunden muss man ja doch wieder rauskommen, um aus Frust etwas zu essen. Und dann trifft man den anderen und streitet sich weiter. Womit wir ein neues Kapitel in unserer Partnerschaft aufgeschlagen haben.

Das fetzt *Streiten*

Es ist ja so: Luise und ich streiten uns nie. Streiten finden wir doof. Schließlich kann man über alles reden. Man setzt sich eben schön zusammen und diskutiert die strittigen Punkte aus. Strittig klingt schon wieder so aggressiv. Meistens sind wir uns gleich von vornherein einig. Ist ja auch nicht so schwer, denn schließlich ist eine feste Beziehung ein einziger Kompromiss. Wenn wir uns überhaupt mal uneins sind, dann nur in der Frage, wer kompromissbereiter ist. Da wollen wir jeder der Erste sein!

Kein Auge könnten wir zutun, wenn es wirklich so wäre, denn dann wären wir kein liebendes Paar, sondern Zombies, verdammt dazu, unser heiteres Unwesen miteinander zu treiben, bis sich eines Tages jemand erbarmt und uns einen Holzpflock durchs Herz treibt.

Wenn wir nach gemeinsamen Hobbys und Interessen gefragt werden, könnten wir eigentlich nur antworten: Streiten. Denn die Liebe hat uns zwar zusammengebracht, aber dennoch sind wir zwei völlig verschiedene Menschen, und deshalb empfinden wir die Ansichten und Handlungen des anderen hin und wieder als Zumutung. Manchen Ärger fressen wir sogar wochenlang in uns hinein, damit es dann, wenn alles hochkommt, so richtig schön kracht. Andere Dinge schmieren wir uns ohne Umwege aufs Brot. Folgendes sind unsere Streitfavoriten.

Die kleinen Zankereien Oder, wie Fußballreporter sagen, wenn es um Trikotzerren und Schubsen geht: kleine Nickligkeiten. Auseinandersetzungen, die zwar überschaubar bleiben, aber immer wieder aufflammen. Zum Beispiel, wenn Luise und ich ins Kino gehen: Sie steht auf dem Standpunkt, dass die gute halbe Stunde Werbung vor dem Film nichts als Volksverdummung und Totalverarsche ist, wir also mit unseren Platzkarten getrost erst gegen halb neun eintreffen können, wenn der Film offiziell um acht anfängt. Ich dagegen genieße diese Werbung, um mich auf den Film einzustellen, mehrere Schokoriegel zu essen und mich richtig schön voll dröhnen zu lassen. Wie sehr freue ich mich, wenn das entzückende «Xtra-Card»-Mädchen zu seiner Freundin sagt: «Und billig? Da stehste doch drauf.» Aus dem Leben wie die großartige Regionalwerbung für Frisiersalons und den Italo-Griechen an der Ecke. Luise aber kalkuliert immer viel zu knapp, und ich hasse, hasse, hasse es, mich durch die stockdunklen Reihen zu drängeln, wenn der Vorspann bereits läuft. Vor jedem Kinobesuch zanken wir also: Muss das sein, komm, beeil ich, wieso denn, Mann, das nervt, immer zu spät zu kommen, stell dich nicht so an … Gerne übrigens auch beim Einkaufen oder wenn es darum geht, wer von uns besser Auto fährt und wer deshalb als Beifahrer lieber die Klappe halten sollte. Zanken ist ein Ritual, und wie alle Rituale hat es den Vorteil, dass es so schön vorhersehbar ist, was den Anlass, den Ablauf und auch das Ende angeht. Denn spätestens wenn der Film läuft, die Einkäufe bezahlt sind und das Auto an den Baum gefahren ist, sind all die kleinen Streitereien vergessen. Und außerdem hat man noch ganz nebenbei ein paar Aggressionen abgebaut.

Der Schwelbrand Die weniger harmlose Variante der kleinen Zankereien: wenn es regelmäßig Streit gibt um eine Sache, über die es nie zum großen Krach kommt, weil beide Angst vor ihren möglichen Dimensionen haben. Lange war Luises Exfreund Holger ein solcher Brandherd. Für mich ging es um Eifersucht und Verlustangst, Gefühle, über die ich nicht reden wollte. Also stritten wir in schöner Regelmäßigkeit über ihre Freundschaft zu Holger. Aber niemals grundsätzlich: Ich machte ätzende Bemerkungen über die Dauer und Regelmäßigkeit ihrer Treffen, Luise stichelte zurück, aber nach wenigen Minuten begruben wir das Thema wieder. Luise, weil es ihr auf die Nerven ging, ich, weil es mir einfach angenehmer war, so wenig wie möglich an sie und Holger zu denken. Allerdings muss auch ein Schwelbrand irgendwann gelöscht werden, sonst wird er zum flammenden Inferno. Jedenfalls habe ich das so in «Backdraft – Männer, die durchs Feuer gehen» gesehen.

Der Stellvertreterkrieg Vielleicht die häufigste Streitvariante: Man regt sich über etwas auf, möglichst über etwas völlig Alltägliches, und meint eigentlich etwas anderes, viel Grundsätzlicheres. Ich ärgere mich jedes Mal über Luises Unpünktlichkeit, meine damit aber die Tendenz zur Gleichgültigkeit und Egozentrik, die ich an ihr festgestellt zu haben glaube. Sie wird jedes Mal böse, wenn ich früh schlafen gehe und sie allein im Wohnzimmer sitzen lasse, und im Grunde meint sie damit, dass ich langweilig, passiv und faul bin, während sie jederzeit noch irgendwas auf die Beine stellen könnte. Denn wenn ich widerwillig aufstehe, mir kaltes Wasser übers Gesicht laufen lasse und müde zurück ins Wohnzimmer wanke, ist sie auch nicht zufrieden. «So einfach ist das nicht», sagt sie dann. Die Frage ist, ob man sich wirklich darauf einlassen will, die ganz grundsätzlichen Dinge aufs Tapet zu bringen und damit möglicherweise einiges in Frage zu stellen, oder ob man sich nicht besser mit den praktischen Stellvertretern zufrieden gibt. Ich neige zu Letzterem. Ich werde aus Luise keine aufmerksame und vorausplanende Menschenfreundin machen und sie aus mir kein unternehmungslustiges Energiebündel. Darüber aufregen können wir uns natürlich trotzdem.

Der Streit vor anderen Das ist etwas Wunderschönes. Mit anderen Menschen teilen, nicht immer nur alles unter sich ausmachen. Viel zu selten bieten einem die anderen mal den ganz großen Krach. Aber man muss auch mit kleinen Zankereien zufrieden sein. Natürlich fühlt man sich immer ein wenig unbehaglich, wenn Freunde vor einem gegenseitig ihr Innerstes platt treten. Wenn man erfährt, dass Annika sich über Roberts Arbeitszeiten ärgert. Dass Rufus die Bluse von Maybrit nicht gefällt. Und wenn man mitkriegt, dass die beiden sich darüber offenbar schon seit Stunden in den Haaren liegen und die Sache nicht mal für die Dauer der Verabredung mit uns ruhen lassen können.

Sich vor anderen zu streiten ist eine Tabuverletzung. Das ist eines der letzten Dinge, über die sich alle einig sind. Man tut das einfach nicht. Wenn man es aber doch macht, dann gewinnt die Kritik am anderen durch den Tabubruch zusätzliches Gewicht: So sauer bin ich auf dich, dass es mir nicht mal zu peinlich ist, uns vor anderen Leuten lächerlich zu machen.

Aber ihr macht euch ja nicht nur lächerlich. Nein, wir lernen auch eine Menge dabei. Wir werden zum Beispiel daran erinnert, wie lächerlich der streitende

Mensch als solcher wirkt: der finstere Gesichtsausdruck, die verzerrten, leicht zuckenden Mundwinkel, das zorngerötete Gesicht ... das sieht an jedem
Abendbrottisch einfach irre beknackt aus. Leider
vergisst man das leicht, wenn man selbst gerade mitten drinsteckt.

Außerdem fällt es uns, nachdem wir euren Streit
über irgendeine Kleinigkeit miterlebt haben, schwerer, künftig über dasselbe Thema zu streiten. Wenn
andere Leute sich vor uns streiten, verderben sie
zwar die Stimmung und geben uns das unangenehme Gefühl, mehr von ihrer Intimsphäre gesehen zu
haben, als wir eigentlich wollten. Erst recht, wenn
sie versuchen, uns mit Aufforderungen wie «Oder
was sagt ihr dazu?» auf die eine oder andere Seite zu
ziehen. Aber sie erlauben uns auch, uns für Momente einfach glücklicher und besser zu fühlen als sie.
Und dafür sollten wir ihnen dankbar sein.

Der Streit um die Sache Der Idealfall, die Königs-
disziplin unter den Streitvarianten. «Nein, ich will
nicht bei Simone in Köln übernachten, wenn wir mit
dem Auto nach Süden fahren, das ist zwar praktisch,
aber ein Abend mit der unfreundlichen Ziege ist
nicht das, was ich mir unter einem gelungenen Feri-
enauftakt vorstelle.» Problem umrissen, Meinung
dargelegt, kleine Spitze untergejubelt. Sodass Luise
sich aufregt: «Wieso unfreundliche Ziege? Wir sollten mal ganz grundsätzlich klären, dass du nicht

aller Welt Freund sein kannst, und außerdem ist es hirnverbrannt, morgens in Hamburg loszufahren, nachmittags in Köln anzuhalten, Hallo zu sagen, in der Dämmerung weiterzufahren und abends irgendwo im Dreiländereck in einem deprimierenden Vertreterhotel abzusteigen. Die Nacht durchfahren, von wegen. Ich will Ferien machen und keinen Selbstmordversuch.» Und dann streiten wir uns eine Weile, ich beleidige Simone noch ein bisschen, Luise nutzt die günstige Gelegenheit, ein paar von meinen Freunden in die Pfanne zu hauen, und am Ende siegt die Vernunft. Wir übernachten bei Simone, fahren aber morgens ganz früh weiter. Und ich habe für den weiteren Verlauf unserer Autotour nach Südeuropa einen gut. – Wenn es so funktionieren würde. Stattdessen ist die Wahrscheinlichkeit groß, dass aus dem Anlass für den Streit um die Sache Folgendes wird:

Der Streit, der bis an die Grenze geht «Was? Aller Welt Freund? Was soll der Schwachsinn? Nur weil ich, wie übrigens die meisten Menschen auf der Welt, nicht mit deiner launischen Lieblingsfreundin zurechtkomme ...»

«Ach was, du kannst es nur nicht ertragen, dass dich mal jemand nicht so großartig findet.»

«Besten Dank auch. Ich sag dir, das ist mir scheißegal. Es geht doch darum, dass du immer alles bestimmen musst. Toll, super, die Reiseroute steht also auch schon fest. Kölle alaaf! Und wo geht's danach hin?»

«Ach komm, lenk nicht ab. Es kotzt mich sowieso an, dass du dich überall einschleimst, nur bei Simone hat es eben nicht funktioniert. Von wegen, du willst nicht nach Köln. Du *traust* dich nicht zu Simone.»

«Sag mal, du spinnst wohl. Bei wem habe ich mich denn bitte eingeschleimt?»

«Bei wem denn nicht? Du lebst doch nur dafür, dass alle Welt dich liebt. Und kaum funkt mal jemand dazwischen ...»

«Ach, jetzt hör doch auf mit der Arschgeige Simone.»

«Ja, schrei mich doch an. Toll. Das ist so typisch. Dir fällt nichts mehr ein, und du fängst an rumzubrüllen wie ein Idiot. Du müsstest dich mal sehen. Nach außen immer der nette Kerl, und zu Hause spielst du den wilden Mann.»

«Okay, ich hab echt keinen Bock mehr. Mann, ich hab's so satt.»

«Ich auch, das kannst du mir glauben.»

Es geht nur um eine harmlose Übernachtung, aber wir haben es geschafft, uns gegenseitig zur Sau zu machen. Wir haben uns beleidigt, uns angeschrien, und jetzt fordert Luise mich auf, mich abzuregen und zur Abwechslung mal den Abwasch zu machen, was ich erledige, indem ich mit einer wütenden Armbewegung das gesamte Schmutzgeschirr von der Spülenablage auf den Küchenfußboden befördere. Luise knallt daraufhin die Tür zu, dass der Putz von der Wand rieselt. Als ich ihr ins Wohnzimmer folge, sitzt sie vor dem Fernseher und ignoriert mich. Ich stelle mich ins Bild und teile ihr mit, dass ich mich nicht länger von ihr beleidigen lassen werde. Und dass sie den Fernseher ausmachen soll, wenn ich mit ihr rede. Woraufhin sie die Fernbedienung durch die offene Balkontür auf die Straße schmeißt und sagt, sie könne leider die Fernbedienung nicht finden. Kurz: Wir sind voller Leidenschaft bei der Sache. Und gleichzeitig haben wir beide Angst. War das jetzt ein reinigendes Gewitter oder der Anfang vom Ende? Und wo kriegen wir eine neue Fernbedienung her, die zu unserem Gerät passt? Es ist eine Mischung aus Zerstörungslust und fehlgeleiteter Liebe.

Wir würden sicher beide nicht so weit gehen, wenn wir nicht wüssten, dass wir grundsätzlich auf sicherem Boden stehen, dass es immer noch die Möglichkeit gibt, einen Rückzieher zu machen. Wir sind beide Sturköpfe, und oft endet der Streit damit, dass wir wortlos den Tag beenden und das Licht ausmachen, ohne uns «Gute Nacht» gesagt zu haben. Dann liegen wir nebeneinander im Bett und zerbrechen uns den Kopf darüber, wie wir es hinkriegen, uns wieder zu versöhnen und dabei auch noch eine gute Figur zu machen. Luise schafft es leider immer, vor mir einzuschlafen. Und darüber könnte ich mich schon wieder so was von … Obwohl, die Versöhnung. Ich versuche jetzt, mich darauf zu freuen.

Tisch oder Bett? *Wie und wo man sich am besten versöhnt*

Als Luise geht, knallt sie natürlich nicht die Tür hinter sich zu. Wir sind beide längst jenseits der großen Emotionen: Seit gestern Abend schweigen wir nur noch. Zwölf Stunden verletzte, wütende, resignierte Stille. Am schlimmsten war es, als wir nebeneinander im Bett lagen, uns den Rücken zuwandten, vorsichtig darauf bedacht, uns nicht unter der Decke zu berühren. Ich starrte ins Dunkel und hoffte, sie würde sich doch noch umdrehen und mich umarmen, und alles wäre gut.

Aber so ist sie nicht. Und ich auch nicht.

Schließlich hörte ich ihren Atem lang und gleichmäßig werden. Sie war eingeschlafen, ohne dass wir uns versöhnt hatten. Und ich lag da in wütender, hilfloser Schlaflosigkeit.

Jetzt bleibe ich am Frühstückstisch sitzen und höre, wie ihre Schritte im Hausflur leiser werden.

Worüber haben wir gestern eigentlich gestritten? Ich bin unordentlich. Sie engt mich ein. Ich bin eifersüchtig. Sie entzieht sich. Sie ist. Ich bin. Sie. Ich.

Ich weiß es nicht mehr genau. Luise wahrscheinlich auch nicht. Vielleicht sollte ich sie in der Schule anrufen. Was gibt's?, würde sie sagen. Worüber haben wir uns eigentlich gestritten?, würde ich fragen. Sie würde einen Augenblick schweigen und dann in ein zuerst unfreiwilliges, dann erlöstes Lachen ausbrechen. Ich weiß es nicht mehr, würde sie sagen.

Aber jetzt hat es noch keinen Sinn, sie anzurufen. Mit «Worüber haben wir uns eigentlich gestritten?» würde ich bei ihr ins offene Messer laufen. Kein Wunder, dass du das gerne vergessen möchtest, wird sie sagen. Oder mir den ganzen Streit nochmal haarklein auseinander setzen oder einfach auflegen.

Ich fange wieder an, mich furchtbar über sie zu ärgern. Immer wartet sie darauf, dass ich den ersten Schritt zur Versöhnung mache. Oder? Immerhin war ich es, der gestern das große Schweigen angefangen hat. Aber wie komme ich da jetzt wieder raus?

Wenn man einen ganzen Tag lang nicht miteinander geredet hat, bekommen die ersten gesprochenen Worte eine erdrückende Wichtigkeit und Bedeutung. Was also sagen?

Komm, wir vertragen uns wieder. Das klingt nach Kinderspielplatz.

Sei wieder gut. Ganz gruselig. Klingt nach Kuschel-Rock und Räucherkerzen.

Bist du noch sauer? Unmöglich. Das müsste sie ja wohl mich fragen und nicht etwa umgekehrt!

Ich liebe dich.

Ich überlege und sage die Worte leise vor mich hin. Sie klingen trist in der leeren Küche. Zu schwierig, den richtigen Ton zu treffen. Verzeihend geht nicht, denn natürlich ist sie der Meinung, dass ich ihr nichts zu verzeihen habe. Niedergeschlagen wäre auch falsch, denn schließlich bitte ich sie nicht um Vergebung. Ich mache mich doch nicht zum Vollidioten.

Heute ist mein freier Tag. Eigentlich wollte ich aufräumen, ein paar Briefe schreiben, Fotos einkleben, gar nichts tun. Stattdessen sitze ich vor krümeligen Frühstückstellern und denke nach über die Unmöglichkeit, sich zu vertragen. Oder die Kunst, den richtigen Augenblick abzupassen, wenn beide genug gestritten, genug geschmollt, genug gelitten haben, um sich irgendwo zu treffen, möglichst in der Mitte oder an einem Ort, den beide für diesmal als die Mitte akzeptieren können.

Das Telefon klingelt.

Mein Herz klopft wie das eines Frischverliebten. Ich gehe zum Schreibtisch und starre auf das Faxgerät. Manchmal hat sie aus dem Lehrerzimmer einen kurzen Versöhnungsbrief geschickt, etwa:

Nur, dass du's weißt: Ich hab Recht und du hast Unrecht. Sieh's endlich ein, du streitsüchtiges Monstrum.

PS: Ich komme heute früher. Vergrab schon mal das Kriegsbeil.

Aber das Faxgerät springt nicht an. Stattdessen ist Robert am Telefon. Am Ende unseres kurzen Gesprächs fragt er, warum ich so gedrückt klinge.

«Szenen einer Ehe», höre ich mich sagen, «nichts Dramatisches. Ich glaube, wir wissen nur beide nicht so recht, wie wir uns versöhnen sollen.»

«Wieso», fragt Robert, der Meister des groben Einzeilers, «habt ihr kein Bett?»

Kann ich nicht drüber lachen, tut mir Leid. Die legendäre Versöhnung im Bett funktioniert doch nur in zwanzig oder dreißig Jahre alten italienischen Filmen. Außerdem ist in unserem Streit gar nicht mehr genug Leidenschaft übrig für ein derart archaisches Versöhnungsritual.

Das aber bringt mich auf einen Gedanken. Vielleicht wäre es am besten, unseren schal gewordenen Streit noch einmal so richtig anzufachen, ihr etwas ganz Gemeines vorzuwerfen, damit ich mich anschließend voller Überzeugung entschuldigen kann. Ich gehe zurück in die Küche und denke scharf nach. Leider fällt mir im Augenblick nichts Unerhörtes ein, was ich ihr vorwerfen könnte. Immer die verdammten Kippen auf dem Essgeschirr. Zu lahm. Du hast mein Leben ruiniert. Stimmt zwar, ist aber zu global. Stimmt ja vielleicht auch gar nicht. Und dafür kann man sich dann auch schon nicht mehr entschuldigen. Angemessen wäre nur: Was zum Teufel fällt dir eigentlich ein, mich hier den ganzen Tag lang schmollen zu lassen wie ein Kleinkind?

Wieder klingelt das Telefon. Ich nehme nicht ab, denn ich brauche wirklich keine weiteren Ratschläge von Robert.

Der Anrufbeantworter springt an.

«Ich bin's», höre ich sie im Nebenzimmer sagen. «Bist du da?»

Ich überlege, aber nur ganz kurz. Bin ich da? Bin ich! Meine Herren, ich bin so dermaßen da! Ich springe auf, rutsche mit dem Flurläufer in Richtung Telefon, aber da hat sie auch schon aufgelegt. Ich reibe mir das Knie, höre das Band ab und spiele mir ihre Nachricht zwei-, dreimal vor. Ihre Stimme klingt neutral, nicht böse, vielleicht ein bisschen eilig.

Plötzlich fließt mein Herz über vor Liebe. Bald haben wir einen ganzen gemeinsamen Tag verschwendet mit unserem hirnverbrannten Streit.

Sie wollte den ersten Schritt machen, und ich war zu stur, ans Telefon zu gehen. Oder einfach nicht schnell genug. Jetzt bleibt mir nur noch eins: das volle Versöhnungsprogramm. Ich kaufe Blumen und ihren Lieblingswein, ich koche ein ausgefallenes Abendessen, das natürlich fertig auf dem Tisch steht, wenn sie zur Tür hereinkommt.

Es ist unmöglich, angesichts eines liebevoll zubereiteten Curryhuhns aus garantiert artgerechtem Aufzug auf alten Meinungsverschiedenheiten herumzureiten.

Es könnte allerdings auch ein Schuss in den Ofen sein: Ich sehe sie schon vor mir, die Lippen schmal und die Stirn in Falten gelegt, wie sie auf das Tischtuch und die champagnerfarbenen Kerzen deutet und sich leicht erstaunt erkundigt, wen ich heute Abend zum Essen erwarte. Sie habe nämlich so was von überhaupt gar keinen Hunger. Und müsse auch gleich wieder weg in die Schmollecke.

Ich nehme meine Jacke und die Einkaufstasche. Wer sich vertragen will, muss etwas riskieren.

Als ich, mit einem Blumenstrauß und der vollen Einkaufstasche in der Hand, die Wohnungstür aufsperre, rieche ich schon Luises Parfüm. Ich versuche noch, den Strauß hinter meinem Rücken zu verbergen, als die Plastiktüte reißt, zu Boden fällt und Äpfel durch den Flur kullern.

Luise kommt aus dem Wohnzimmer. Jetzt bloß kein falsches Wort, nicht von mir – und schon gar nicht von ihr! Und die Blumen gut verstecken.

«Warum bist du zu Hause?», frage ich in möglichst neutralem Ton, während ich die Einkäufe absetze und den knisternden Blumenstrauß hinter dem Garderobenständer zu Boden gleiten lasse, außer Sicht, aber natürlich nicht ganz geräuschlos.

«Freistunde. Und ich hab was vergessen», sagt sie. Täusche ich mich, oder ist da ein leichter Frühlingshauch von Sich-vertragen-Wollen in ihrer Stimme?

«Und was?», frage ich. Sie sieht mich an und sagt: «Eigentlich nur, warum wir uns überhaupt gestritten haben.»

Und weil ich es auch nicht mehr weiß, umarmen

wir uns zwischen den Zutaten des bevorstehenden Abendessens.

Und dann gehen wir zum schönsten Teil der Versöhnung über. Dem wechselseitigen, ausführlichen, leidenschaftlichen Beteuern, ganz allein an allem schuld gewesen zu sein. Denn Versöhnen macht großzügig und gerecht. Und sehr hungrig.

Wilde Jahre *Die Schatten der Vergangenheit*

Ich weiß nicht viel über Holger, aber eins weiß ich sicher: Ich hasse ihn.

Ich habe ihn noch nie gesehen, aber das brauche ich auch nicht, denn ich kenne ein paar alte Fotos: Luise und er an irgendeinem karibischen Strand. Holger sieht behämmert aus. Das heißt, eigentlich sieht er ganz gut aus. Halt so das, was man unter einem gut aussehenden Mann versteht. Sehr jungenhaft. Eine flotte Föhnfrisur. Ein flacher Bauch. Gut, den hatte ich mit Mitte zwanzig auch noch. Die Zeit geht an uns allen nicht spurlos vorüber. Aber für mich bleibt Holger immer ein Prachtexemplar in der Blüte seiner Jahre, denn ich kenne ihn nur von den Fotos, die Luise mir gezeigt hat, als wir beide uns gegenseitig unsere Vergangenheiten mit alten Schnappschüssen illustrierten.

Holger und Luise haben die Arme umeinander gelegt, ihre Hand auf seiner breiten, von der Sonne leicht geröteten Schulter. (Der kriegt noch vor mir Hautkrebs, schießt es mir durch den Kopf. Schwein, denke ich kurz. Obwohl:) Seine fleischigen Greifer lüstern um Luises Hüfte geschlungen, dort, wo der Badeanzug schon fast wieder aufhört. Die beiden lächeln selig in die Kamera mit jenem einzigartigen Ausdruck, der sagt: Wir werden für immer zusammenbleiben. Diese Fotos werden wir unseren Enkeln zeigen und sagen: Guckt mal, wie glücklich Oma und Opa damals schon waren. Unser erster Urlaub. – Doch, wir hatten schon vom Ozonloch gehört. Aber damals konnte man noch ohne Schutzanzüge an den Strand gehen.

Aber keine Enkel schauen sich die Bilder an, sondern ich. Das Problem ist, dass es keine so ganz und gar abgeschlossene Vergangenheit ist. Holger und sie sind immer noch gute Freunde, ab und zu treffen sie sich und … ja, was machen sie dann eigentlich?

Sicher nur so gesellschaftlich akzeptierten Schweinkram wie wissende Blicke austauschen, in Andeutungen reden, die nur sie beide verstehen, Anekdoten aus alten Zeiten aufwärmen. Man kennt das ja. Ich treffe Barbara schließlich auch noch hin und wieder. Damit komme ich schon zurecht.

Wobei «Damit komme ich schon zurecht» natürlich gelogen ist und original das Gegenteil bedeutet: Ich halt's nicht mehr aus. Aber ich will mich nicht als eifersüchtiger Paranoiker aufspielen. Obwohl ich genau sagen könnte, was mir nicht passt: alles. Dass Holger und Luise eine viel längere Geschichte haben als sie und ich: fünf Jahre gegen ein paar Monate. Dass Holger sie immer nur in der Schule anruft, dass ich immer erst in letzter Minute und auf merkwürdig beiläufige Art erfahre, dass Luise «heute Abend mit Holger noch kurz was trinken geht». Sind drei Stunden und vierzehn Minuten etwa kurz? Nicht, dass ich die ganze Zeit auf die Uhr starren würde. Zwischendurch muss ich ja auch mal aufstehen, um mir noch ein Bier zu holen.

Ich habe ein Problem mit Luises Vergangenheit. Und Holger ist die Verkörperung dieser Vergangenheit, von der ich kein Teil bin.

Ich hätte Luise niemals leichthin fragen sollen, mit wie vielen Männern sie geschlafen hat, als wir nebeneinander im Bett lagen. Eigentlich war mir das Thema unangenehm, weil mir schon nach relativ kurzer Zeit die Anekdoten ausgingen.

Sie lachte und überlegte für meinen Geschmack ein bisschen zu lange.

«Weiß ich nicht genau», sagte sie schließlich. «Soll ich den französischen Austauschschüler mitzählen, auf dem ich nach meinem ersten Joint eingeschlafen bin?»

Und während Luise neben mir lag und irgendwelche komplizierten Rechnungen mit den Fingern beider Hände anstellte, wünschte ich, niemals den Dosenöffner an die Büchse der Pandora gesetzt zu haben.

Viele Leute haben überhaupt kein Problem mit diesem Thema. Ich schon. Das ist natürlich total albern, denn jeder, der es darauf anlegt, kann im Laufe der Jahre mit einer dreistelligen Anzahl von Leuten schlafen. Dazu braucht es nicht mehr als finstere Entschlossenheit. Dagegen ist es weitaus anspruchsvoller, im Laufe der Jahre mit einer einstelligen Anzahl von Leuten guten, abwechslungsreichen Sex zu haben. Oder nicht? Hallo?

Aber im Grunde sollten wir doch alle über derlei Zahlenspiele hinaus sein. Nur vor meinem inneren Auge laufen verschwommene Filme ab von der jüngeren Luise, die reihenweise Männer in ebenjenes Bett zieht, in dem ich gerade neben ihr liege. Aber wahrscheinlich waren es ohnehin Fahrstühle, Liegewagenabteile und Gästebetten.

«Etwas über zwanzig», sagte Luise. «Fünf feste Freunde und ein gutes Dutzend Kurz- und Kürzestbeziehungen. Ein paar davon könnte ich gut und gerne streichen. Aber meine wilden Jahre sind vorbei. Obwohl» – es nahm einfach kein Ende –, «es heißt ja, dass Frauen mit den Jahren sexuell immer aktiver werden.»

Ich beschloss, nicht darauf einzugehen, und fragte stattdessen provozierend: «Aber die fünf Jahre mit Holger möchtest du wohl nicht streichen, oder?»

Luise wälzte sich zu mir herüber und fragte streng: «Was hast du bloß immer mit Holger? Du kennst ihn doch gar nicht.»

Und das soll auch so bleiben. Meine Abneigung gegen Holger brauche ich nicht mal besonders zu pflegen, sie ist wie ein anspruchsloser, unverwüstlicher Gummibaum.

Dabei ist Holger an sich eine traurige Figur. Seine Beziehung mit Luise endete, weil sie einen Seitensprung mit seinem besten Freund Gerrit zu einer groß angelegten Affäre ausweitete.

War Holger der einzige ihrer Exfreunde, den sie betrogen hat? Woher weiß ich, dass Luise mich nicht eines Tages genauso betrügen wird?

Mit allen Dingen, die einem ein schlechtes Gefühl bereiten, muss man sich auseinander setzen. Holger ist so ein Ding. Und deshalb hat Luise beschlossen, dass ich den muskulösen Beachboy endlich kennen lernen muss.

«Du wirst ihn wahrscheinlich sogar mögen», sagte Luise.

Meine Neugier siegte über meine Feigheit und meine gummibaumartige Abneigung, und ein paar Stunden später saßen Luise und ich in einem absurden panasiatischen Restaurant mit 400 Gerichten auf der Speisekarte und warteten auf Holger. Er hatte das Lokal vorgeschlagen. Luise rauchte nervös, was mich mit einer gewissen Befriedigung erfüllte. Ich war nicht abgeneigt, diese unerfreuliche Ménage à trois in einer Katastrophe enden zu lassen. Gleichzeitig breitete sich in mir eine große Gelassenheit aus. Was hatte ich eigentlich zu befürchten? Holger war die Vergangenheit, ich die Gegenwart und Zukunft.

Luise zündete sich gerade eine weitere Zigarette an, als ein etwas aufgeschwemmter junger Mann in einem Mitleid erregenden Anorak an unseren Tisch trat.

«Die Ente mit den acht Köstlichkeiten ist wirklich gut», sagte Holger zur Begrüßung, da er gesehen hatte, wie ich ratlos die telefonbuchdicke Speisekarte studierte. Dann umarmte er Luise ungeschickt, den Anorak schon zur Hälfte ausgezogen, und stieß dabei eine Vase mit Plastiknelken um.

«Ente ist mir zu fett», sagte ich hinterhältig. Luise warf mir einen finsteren Blick zu und stellte uns vor. «Ach, du bist Holger!», rief ich mit schmierenhaft gespielter Verwunderung.

«Ich habe schon viel von dir gehört», antwortete Holger ernst.

Um es kurz zu machen: Holger stellte sich als freundlicher, etwas schüchterner Typ heraus, der an diesem Tag richtig froh war, weil er es mit 32 endlich geschafft hatte, sich zur Magisterprüfung anzumelden. Was mir besonders gut gefiel, war, dass ihm von seiner fotogenen Föhnfrisur nur ein nostalgischer Rest auf dem hinteren Schädeldrittel verblieben war.

Als Luise merkte, dass er und ich uns weder an die Gurgel gehen und auch nicht den ganzen Abend über gegeneinander sticheln würden, sondern uns erst vertrugen und dann sogar irgendwie mochten, da betrachtete sie uns erleichtert und lachte ohne Anlass.

Und was gibt es Schöneres, als Luise glücklich und zufrieden zu sehen? Ich bin aber auch zu blöd. Ich hätte meinen Hass auf Holger kultivieren sollen und wahrscheinlich noch jahrelang meine Freude daran haben können.

«War doch ein schöner Abend, oder?», sagte Luise später, ohne ein Spur von Triumph, eher ein bisschen vorsichtig.

«Na ja, stimmt», sagte ich ein wenig enttäuscht. «Du hast es gut, dass es Barbara gibt», fügte ich etwas zusammenhanglos hinzu.

«Mann. So ein netter Abend. Und du musst schon wieder anfangen von der doofen Trutsche», sagte Luise. «Irgendwie kommst du einfach nicht von ihr los, kann das sein?»

«Kann schon sein», sagte ich, um Luise einen Gefallen zu tun. Denn Feindbilder machen das Leben leichter.

Das hat nichts mit dir zu tun *Verschiedene Auffassungen von Treue*

Treue ist ein heikles Thema, weil jeder etwas anderes darunter versteht. Die verschiedenen Vorstellungen fallen grob in folgende Kategorien:

1. Treue ist eine tolle Sache, funktioniert aber nur, wenn man sich a) bereits die Hörner abgestoßen hat (eine eher unerfreuliche Redewendung, die nicht von ungefähr Assoziationen von Stieren weckt), oder b) hin und wieder, und sei es auch nur ein-, zweimal pro Beziehung, eine kleine Auszeit von der Treue nimmt, nach der man sich dann gestärkt und erfrischt wieder dem Treusein zuwenden kann.

2. Treue ist ein extrem dehnbarer Begriff, den man eher so auslegen sollte: Man ist treu, wenn man in einer überschaubaren Anzahl von Fällen diskret einem rein körperlichen Bedürfnis nachgibt und nie die Absicht hat, den Liebsten oder die Liebste zu verletzen oder zu verlassen. Vertreter dieser Glaubensrichtung haben das bei Anhängern anderer Treuebegriffe regelmäßig auf Mobiliarzerlegung

stoßende «Glaub mir, das hat nichts mit dir zu tun!» geprägt.

3. Treue ist alles «ohne Anfassen», also eine rein äußerliche Angelegenheit. Gefühle fallen so lange nicht unter ihren Zuständigkeitsbereich, wie sie sich nicht im Ablegen von Kleidungsstücken und Schleimhautkontakten manifestieren.

4. Treue ist nicht verhandelbar. Ein bisschen untreu gibt es nicht.

5. Treue ist sowieso für den Arsch, weil: die Hormone.

Möglicherweise verändert man seine Einstellung im Laufe der Zeit oder während der Beziehung, aber ich kenne niemanden, der sich hinstellt und sagt: Ist mir egal, mach doch, was du willst. Die meisten Menschen hängen ihrer persönlichen Treuevorstellung an wie einem Kult, was zu Problemen führt, wenn zwei sich zusammentun, die etwa den unterschiedlichen Treuekonfessionen «unverhandelbar» (4.) und «die Hormone» (5.) angehören. Und zur allgemeinen Verwirrung trägt bei, dass jeder Mensch grundsätzlich zwei Vorstellungen von Treue hat: die, die für ihn selbst gilt, und die andere, die für den jeweiligen Partner gilt. Es soll Fälle gegeben haben, in denen Menschen sich zu einer einzigen, allgemein gültigen Treueidee bekannt und auch daran gehalten haben, «unverhandelbar» (4.), aber dann wurde es Frühling, übergangsweise herrschte «ohne Anfassen» (3.), aber letztendlich landeten sie dann doch bei «die Hormone» (5.) oder «Glaub mir, das hat nichts mit dir zu tun» (2.).

Ich halte mich für einen eher treuen Typ. Da ich das T-Wort nach den vorangegangenen Seiten nicht mehr hören kann, erzähle ich jetzt lieber von den zwei anderen Frauen neben Luise. Von der Rothaarigen und von Annika, der Freundin meines besten Freundes.

Annikas Geschichte beginnt mit einer Dienstreise, was an und für sich ja schon abgeschmackt genug ist.

«Schade, dass du die drei Tage weg bist», sagte Luise. «Aber ist doch nett, dass Annika auch gerade in Frankfurt ist. Könnt ihr mal zusammen zu Abend essen.»

«Gute Idee», sagte ich leichthin und hatte nicht einmal ein schlechtes Gewissen.

An sich war die Situation genauso klar und unverfänglich, wie Luise sie eben beschrieben hatte: ich geschäftlich für ein paar Tage in Frankfurt und die Freundin meines besten Freundes zur gleichen Zeit in derselben Stadt, wo sie einige Wochen in der Zentrale ihrer Bank geschult wurde. Das Problem war nur, dass ich, seit ich Annika kannte, fest davon überzeugt war, dass es Menschen gibt, denen bestimmt ist, irgendwann miteinander ins Bett zu gehen. Ja, ich gebe zu, ich glaubte von Anfang an, eine Anziehung zwischen uns zu spüren, die wir nur darin auslebten, dass wir uns zur Begrüßung immer eine Spur länger umarmten als Robert und Luise,

darin, dass wir jede noch so dröge Fete zum Eng-
tanzen nutzten, nach außen mit leichter Ironie aneinander hingen, tatsächlich aber beide mit vollem
Ernst bei der Sache waren, unsere Hände warm und
feucht wie in der Tanzschule, unsere Gesichter
leicht gerötet, das Ende des Tanzes immer ein trau-
riger und auch leicht peinlicher Moment.

Robert und Luise reagierten auf unsere kleinen
Flirts allerhöchstens mit neckender Amüsiertheit,
aber – ich war sicher, da war mehr, und vor allem
war ich sicher, dass Annika auch sicher war, dass da
mehr war.

Und jetzt wollte ich es wissen (eine Formulierung, die nicht ohne Grund an Erotikfilme aus
dem dunklen Zeitalter der Bundesrepublik erinnert:
«Blutjunge Novizinnen wollen's wissen»). Annika
und ich allein, fern von zu Hause. Etwas Merkwür-
diges passierte in meinem Gehirn:

Erstens wechselte ich gerade von «Treue: unverhandelbar» zu «Treue: dehnbarer Begriff», und zugleich waren mir Luise und Robert völlig egal. Das
heißt, ich war mir meiner Verantwortung bewusst,
aber gefühlsmäßig spielte sie überhaupt keine Rolle. Hätte ich meine Geschichte erzählt bekommen,
hätte ich gesagt: Kann man doch nicht machen, Rie-
sensauerei, danach nie mehr dasselbe, wie soll das
weitergehen. So aber sagte ich mir nur: Die Aus-
gangssituation ist perfekt. Ist es nicht herrlich, mit
dem Feuer zu spielen?

Es war, als sähe ich mir von außen zu und dächte

dabei: Au weia!, gleichzeitig ein Herzklopfen spürend, das ich nicht mehr gefühlt hatte, seit ich mich in Luise verliebt hatte. Und mir ging sogar durch den Kopf, dass das ja das eigentlich Gemeine am Seitensprung ist: Jemand anders macht einen so aufgeregt, wie man es war, als man sich in den Menschen verliebte, mit dem man zusammen sein will. Schon deshalb ist es unmöglich, jemals zu sagen: «Das hat nichts mit dir zu tun.» Ich hole mir etwas, was sie mir nicht geben kann. Sie kann mir viel mehr geben, aber eben nicht mehr das schwindlige Gefühl der ersten Verliebtheit. Und dieses Gefühl hatte ich nun wieder am Telefon mit Annika, nicht so echt, aber dafür verstärkt durch den süßen Geruch des Verbotenen.

«Das ist ja großartig!», sagte Annika. Klang ihre Stimme genauso atemlos wie meine? «Wann kommst du denn an? Ich hol dich vom Flughafen ab.» Ja, sie klang genauso atemlos wie meine.

Im Flugzeug irritierte ich meine «Focus» lesenden Mitpassagiere durch Dauergrinsen auf der gesamten Kurzstrecke Hamburg–Frankfurt. War ich eigentlich völlig von Sinnen? War mein Leben dermaßen langweilig geworden, dass ich auf diese Gemeinheit zurückgreifen musste, die den Keim zur größten selbst gemachten Katastrophe meines bisherigen Lebens in sich trug? War Annika wirklich so großartig, dass ich gar nicht anders konnte?

Annika, groß und mit schulterlangen, rotblonden Haaren, einem runden, offenen Gesicht und bei ihr seltenem Lippenstift. – Die Banken. Oder ich. Vermutlich ich. Wir hatten beide zwei kleine rote Druckstellen am Nasenrücken, weil wir gerade eben schnell noch unsere Brillen abgesetzt hatten.

Jetzt stand sie vor mir, und dadurch, dass ich zu Hause einen Begrüßungsumtrunk und eine abendliche Auftaktkonferenz zusammengeschwindelt hatte, lag ein Abend zu zweit weit offen vor uns.

«Danke fürs Abholen», sagte ich.

«Kein Problem», sagte Annika. «Lag auf dem Weg.»

Sie fuhr mich mit dem Firmenwagen zu meinem Hotel, wir redeten wellenweise entweder viel zu viel oder gar nichts, weil alle Fragen nach Robert und Luise ungestellt bleiben mussten. An der Rezeption bekam ich ein Fax mit der Mitteilung, die Konferenz heute Abend sei auf morgen früh verschoben.

«Tja», sagte ich, überhaupt nicht überrascht, denn schließlich hatte ich mir das Fax selbst aus dem Büro ins Hotel geschickt, eine clever ausbaldowerte Aktion, die meinen Arbeitgeber einen halben Arbeitstag und mich nicht einen einzigen Gewissensbiss gekostet hatte.

«Blöderweise habe ich heute Abend eine Verabredung mit den anderen Bankern», sagte Annika. Mir entglitten, falls das möglich ist, innerlich die Gesichtszüge. Äußerlich fror mir ein leicht brüchiges Geschäftsreisender-im-Pech-Grinsen in der Visage fest.

«Schade», sagte Annika und fügte dann in einem

Tonfall zwischen Neckerei und Herausforderung hinzu: «Ich hab aber extra abgesagt, weil ich dachte, es wäre netter, wenn wir an deinem freien Abend in Frankfurt bei mir in der ungemütlichen Firmenwohnung etwas kochen.»

Ich will gar nicht anfangen, über die Begriffe «Fremdgehen» und «Seitensprung» zu philosophieren. Ich muss dabei immer an grau melierte Herren mit nagelneuen Zähnen und Einstecktüchern denken, die «pikante» Anekdoten zum Besten geben, die immer mit den Worten enden: «Aber ein Gentleman genießt und schweigt.» Oder an dralle Hausfrauen, die den Klempner im Négligé empfangen und sich mit den Worten entschuldigen: «Oh, ich dachte, es wäre die Post.» Aber in Ermangelung einer Alternative (Betrügen! So ein hässliches Wort für das, was Annika und ich vorhatten!) bleibe ich vorerst dabei. Zum Fremdgehen gehört natürlich auch die technische Seite, und die erledigte ich mit einem schnellen Anruf bei Luise aus dem Hotel, wo ich mein Gepäck abstellte.

Durch den kühlen Herbstabend lief ich quer durch Frankfurt zu Annikas Wohnung. Ich hatte den Mantelkragen hochgeschlagen, die Hände in den Taschen vergraben und genoss die klebrige Euphorie. Man fühlt sich immer etwas billig, wenn man das vorhat, was ich in diesem Augenblick vorhatte. Aber man kostet auch von den ganz großen Gefühlen, die uns im Alltag so leicht abhanden kommen: Man hat das Gefühl, etwas Dramatisches zu tun, man glaubt, sich zu befreien. Freiheit ist immer ein großartiges Gefühl, auch wenn es eigentlich gar nichts gibt, wovon man sich befreien möchte.

Annikas Firmenwohnung war auf eine geschäftsmäßige Art und Weise trostlos. In den Stores hing der kalte Zigarettenrauch Dutzender durchgeschleuster Bankangestellter, auf aschefarbener Büroauslegware standen ein Kunstledersofa, ein furnierter Esstisch, unbequeme Stühle und lebensmüde Grünpflanzen. Es war das perfekte Ambiente für unser Vorhaben. Ich hängte meinen Mantel an die verchromte Garderobe und sah durch die Tür, wie Annika mit ihrem Taschenmesser eine Weinflasche entkorkte.

«Komm rein», sagte sie und drehte sich zu mir um, zwei Wassergläser mit Rotwein in den Händen.

Das Wort «Betrügen» trifft die Sache doch besser als alles andere: Es beschreibt eine Handlung, die alles mit dem Herstellen einer alternativen Wirklichkeit zu tun hat. Es wird immer verschiedene Versionen geben: das, was passiert ist, das, was man den Betrogenen erzählt, und das, was man sich selber einredet.

Suchen Sie sich etwas aus. Stellen Sie sich vor, Sie lauschten der Geschichte von Annika und mir am Telefon. Drücken Sie «1», wenn Sie hören möchten, wie Annika und ich miteinander ins Bett gingen, wie wir am nächsten Morgen nebeneinander aufwachten und was danach noch alles passierte (3,82 DM/min).

Drücken Sie «2», wenn Sie hören möchten, wie Annika und ich nicht miteinander ins Bett gingen, weil wir beide gerade noch rechtzeitig die Kurve kriegten (Ortstarif). Drücken Sie «3», wenn Sie die Geschichte jetzt beenden möchten.

Sie haben «1» gedrückt Es war, als hätten Annika und ich eine andere Realität betreten. Sie hatte «Miracoli» gekocht, anknüpfend an ein harmloses Gespräch über Kindheitserinnerungen, das wir vor etwa einem halben Jahr gehabt hatten. Wir streuten den pudrigen Instantparmesan direkt aus der Papiertüte auf die Nudeln und sprachen in Zweideutigkeiten. Wir waren beide ungeübt in dem, was wir taten, und deshalb wählten wir den direktesten aller indirekten Wege. Wir redeten über Treue, über Urlaubsflirts und die seltenen Umstände, unter denen wir daran gedacht hatten, für eine Nacht oder eine Woche alles über Bord zu werfen. Wir saßen vor unseren abgegessenen Tellern und folgten einer Choreographie, die wir beide kannten, obwohl wir sie vielleicht zum ersten Mal ausprobierten. Annika hatte das Thema vorgegeben, der nächste Schritt ging auf mich.

Auf dem Sofa, die zweite Flasche Rotwein halb leer vor uns auf dem niedrigen Rauchglastisch, sagte ich mit dem Gefühl eines Fallschirmspringers, der den entscheidenden Schritt aus der Flugzeugluke macht und plötzlich nicht mehr weiß, ob das Ding auf seinem Rücken am Ende nicht nur ein Rucksack voller Dreckwäsche ist, in etwa Folgendes: «Ich glaube, es hat in meinem ganzen Leben nur eine Situation gegeben, in der ich wirklich drauf und dran war, alles zu riskieren und mit jemand eine Affäre anzufangen.»

Annika sah mich fragend an.

«Vor drei Jahren, als wir zu fünft in der Dordogne waren und wir beide die gleiche Sommergrippe bekamen und die anderen ohne uns über Nacht nach Bordeaux fuhren. Und wir beide allein im Sommerhaus waren.»

Und dann öffnete sich der Fallschirm, und eine Nacht lang fielen wir beide dem Erdboden entgegen.

Es war sicher nicht der beste Sex, den sie oder ich je gehabt hatte. Aber darum ging es nicht. Sondern um eine Mischung aus Zerstörungslust und Zärtlichkeit. Mit viel Hingabe schlugen wir alles kaputt, was uns bis vor wenigen Stunden die Welt bedeutet hatte: das Vertrauen unserer Liebsten, das Vertrauen in uns selbst und in unsere eigene Aufrichtigkeit und Liebesfähigkeit, und auch unsere eigene Freundschaft, die bis zu diesem Abend ein großes unerfülltes, unerfüllbares Versprechen enthalten hatte. Und Zärtlichkeit – als hätten wir uns für einige Stunden den Besuch in einem Paralleluniversum erschlichen, einem Universum, in dem Annika und ich zusammengehörten, in dem es eine Möglichkeit von Liebe zwischen uns gab. Für kurze Zeit kosteten wir es aus, die Worte «Was wäre, wenn?» mit Leben zu füllen.

Der nächste Morgen war kurz. Zum Abschied umarmten wir uns wie Menschen, die wissen, dass sie sich nie wieder sehen werden.

Und der Preis? Das schlechte Gewissen, der Ekel vor dem Verrat, die Angst, entdeckt und bestraft zu werden? Ich fürchte, ich verrate nichts Neues, wenn ich sage, dass es viel einfacher ist, mit der Lüge zu leben, als es gut für uns wäre. Ich war froh, Luise wieder zu sehen. Ich hatte kein Problem damit, schon am nächsten Wochenende zu viert mit Robert und Annika ins Kino zu gehen und zufällig zwischen den beiden Frauen zu sitzen. Alles war wie immer. Wenn überhaupt etwas blieb, dann die Erkenntnis, ein Mensch zu sein, der zu viel mehr fähig ist, als er sich normalerweise eingestehen würde.

Sie haben «2» gedrückt «Schön, dass du da bist», sagte Annika.

«Finde ich auch», sagte ich wie ein Schaf, und dann tranken wir beide einen Schluck Wein und sahen uns dabei ausdrücklich nicht in die Augen. Als unsere Blicke sich schließlich trafen, wurden wir beide greifbar verlegen.

«Und, wie läuft's in Frankfurt?»

Nicht gerade der Konversationsstoff, aus dem rauschende Liebesnächte entstehen. Ich glaube, wir waren beide erleichtert, als nach einer Weile das Telefon klingelte. Für einen winzigen Augenblick zögerte Annika. Sie warf mir einen fragenden Blick zu, und ich zuckte mit den Achseln und lächelte dabei mein Einverständnis. Und ab diesem Augenblick war alles klar.

Annika lachte im Wohnzimmer und reichte mir dann den Hörer. «Robert will dich sprechen. Wegen Kino am Samstag.» Und das war's dann.

Ich hatte ein schlechtes Gewissen, weil ich Luise nicht erzählt hatte, dass ich heute Abend bei Annika war. Den Rest des Abends dachte ich darüber nach, was ich ihr sagen sollte, falls sie von Robert erfuhr, dass ich hier war. Um halb zehn war ich wieder im Hotel und rief sie an.

«Mensch, du, es hat sich doch alles anders ergeben. Ich war bei Annika.»

«Weiß ich», sagte Luise fröhlich. «Und, war's nett?»

«Och, ja, schon.»

Und dann ging ich ins Bett. Und lag schlaflos mit einem schlechten Gewissen, das ich mir nicht mal verdient hatte.

Und die Rothaarige?

Mit der Rothaarigen fahre ich jeden Morgen in der S-Bahn. Sie ist, abgesehen von ihrer Haarfarbe, die ich übrigens für absolut echt halte, eher unscheinbar. Sie trägt immer eine viel zu große schwarze Lederjacke und hat ein tragbares Keyboard bei sich. Ist sie eine melancholische Komponistin, die jeden

Morgen in einen einsamen Probenraum fährt? Gibt sie unterprivilegierten Kindern, deren Eltern sich kein eigenes Klavier leisten können, kostenlos Unterricht und arbeitet nachts im Briefverteilungszentrum (sie sieht immer auf anziehend weltabgewandte Weise übermüdet aus)? Ich weiß gar nichts über sie, nur, dass sie jeden Morgen um 9 Uhr 04 eine Station nach mir in denselben S-Bahn-Wagen steigt. Manchmal setzt sie sich mir gegenüber, manchmal steht sie neben mir, und dann riecht sie nach Kohleofen und Apfelshampoo. Wir schenken uns gegenseitig die Andeutung eines Lächelns, und während der sechs Minuten Fahrt, die wir miteinander teilen, schauen wir ab und zu auf, immer im selben Moment, und halten den Blick für eine Sekunde, an verwegenen Tagen für zwei. Glaubt sie wie ich, dass, wenn eines Tages alles im Eimer ist, wenn wir verlassen und allein sind, verraten vom Rest der Welt, wir nur gemeinsam aussteigen müssen, um den Rest unseres Lebens zusammen glücklich zu sein? Aber das liegt in derart weiter Ferne, dass es technisch nicht als Betrug zu werten ist.

Falls Ihnen Luise bereits derart ans Herz gewachsen ist, dass Sie ihr nach der Lektüre dieses Kapitels gern erzählen möchten, was für ein jämmerlicher Schweinehund ich bin, dann erlauben Sie mir folgende Frage: Wie war das eigentlich mit Luise und ihrem alten Schulfreund Julian, der sie in Hamburg besuchte, als ich eine Woche in Berlin war? Warum besucht Julian (einschlägig bekannt als «der Dorfdepp von Tarpenbek») meine Freundin ausgerechnet, wenn ich nicht da bin? Was ist davon zu halten, wenn Menschen, die in der Grundschule miteinander Doktor gespielt haben, sich im geschlechtsreifen Alter unbedingt wieder sehen müssen, weil sie «immer noch so viel verbindet»? Der Vollständigkeit halber füge ich noch hinzu, das Julian (mitunter auch einfach nur «die Arschgeige» genannt) rückenlange braune Locken hat und auf der akustischen Gitarre selbst geschriebene Stücke vorträgt, die sich laut Luise «wie eine Mischung aus Johnny Cash und Detlev Buck» anhören. Allen denkenden Menschen ist wohl bewusst, dass es sich bei der Kombination «lange braune Locken und schmachtende Akustikgitarre» um die Platinumkarte unter den Beischlaflizenzen handelt. Habe ich je erfahren, was sich zwischen den beiden wirklich abgespielt hat, habe ich je erfahren, warum Luise so bestürzt war, als ich einen Tag früher als geplant nach Hause kam, und warum Julian in wohlinformierten Kreisen auch «der Stecher von Tarpenbek» genannt wird?

Angenommen, es war was mit Annika und mir. Und angenommen, es war was mit Luise und Lockenfresse Julian. Würde das dann bedeuten, wir sind quitt und alles wäre paletti?

«Quitt» gibt es nicht. Egal, ob es um Weltkriege, Verbrechen oder um Seitensprünge geht. Nichts rechnet sich jemals auf, das ist eine der ganz einfachen Wahrheiten des Lebens. Ruhe ist nie, erst recht nicht, wenn man sich wünscht, «jetzt müsse mal Ruhe sein».

Zwei Seitensprünge heben sich nicht auf, sie machen es einem vielleicht für einen Augenblick leichter, aber am Ende hat man einfach eine andere Sorte von Problemen. Betrügt einer den anderen, dann steht man vor einer Fabrikladung Demütigung, Verletztheit und Lüge. Betrügen beide sich gegenseitig, dann steht man möglicherweise bereits in den Ruinen der eigenen Beziehung. Vielleicht kann man ab jetzt alles viel besser machen. Vielleicht lässt man es aber auch gleich ganz bleiben. Vielleicht wird mit viel Anstrengung alles gut. Aber eins ist man sicher nicht: quitt.

Die selbst gemachte
Hölle *Eifersucht und wie man*
sie überlebt

Möglicherweise haben Sie dieses Kapitel gezielt aufgeschlagen, weil Sie einfach nicht mehr ein noch aus wissen und sich an alles klammern, was irgendwie Trost verspricht, selbst an die Worte eines Zeilenschinders von fragwürdiger Qualifikation. Denn keines von den vielen Millionen Gefühlen, die man im Laufe einer festen Beziehung kennen lernt, ist so quälend, so alles vernichtend ausweglos und so beschämend schmerzhaft wie die Eifersucht.

Vermutlich haben Sie gerade ganz kurz aufgehört, Ihren Kopf gegen die Wand zu schlagen, um die Telefonnummer des letzten Menschen zu suchen, dem Sie noch nicht die Ohren voll geheult haben, und dabei ist Ihnen dieses Buch in die Hände gefallen. Besser als Selbstmord, wenn auch nicht wesentlich, denken Sie, und da Sie sich in einer akuten Krisensituation befinden, die es Ihnen nicht erlaubt, die vorhergehenden Kapitel mit der gebotenen Aufmerksamkeit zu goutieren, hier nur ein kleiner Hinweis: In den vorletzten

Absätzen des vorigen Kapitels ... ja, die Worte, «Fremdgehen» und «Seitensprung» sind rostige Messer in Ihrer geschundenen Seele, aber reißen Sie sich wenigstens für die paar Zeilen zusammen, denn dort finden Sie einige Informationen, die zum Verständnis des nun Folgenden wichtig sind, Stichworte: «Doktorspiele», «Dorfdepp» bzw. «Stecher von Tarpenbek», «Arschgeige», «uns verbindet noch so viel». Sind Sie so weit?

Ich freute mich auf ein paar freie Tage in meiner Heimat Südberlin, komplett mit gemütlichen Nachmittagen im Wohnzimmer meines Vaters und langen Abenden mit meiner Mutter und ausführlichem Wiedersehen mit alten Freunden. Bei meiner Mutter angekommen, rief ich, ganz aufmerksamer Freund, Luise in Hamburg an, um ihr zu sagen, dass ich auf dem Weg weder in Mecklenburg-Vorpommern noch in Brandenburg in eine After-Disco-Karambolage geraten war.

«Weißt du, wer vorhin angerufen hat?», krähte Luise aufgedreht wie ein Kleinkind. «Mensch, Julian, mein alter Freund aus der Grundschule in Tarpenbek.»

«Jetzt? Es ist kurz vor Mitternacht.»

«Na und? Julian ist ein Nachtmensch.»

Mir schwante Aller-, Allerübelstes. «Das heißt, Julian wird in unserer Wohnung schlafen. Und ein paar Tage bleiben. Oder wie stellt ihr euch das vor?»

«Genau so», sagte Luise, mittlerweile eine Spur

defensiv. «Natürlich schläft er hier, im Wohnzimmer auf der Couch. Hast du was dagegen?»

Ich atmete tief durch. «Kann man so sagen, ja. Kann Julian nicht im Hotel schlafen, wenn er sich schon unbedingt ausgerechnet in dem Moment zu einem Wiedersehensfest einfinden muss, in dem ich einmal meinem Heim den Rücken kehre?»

«Mach dich nicht lächerlich. Julian und ich waren in der Grundschule Freunde, verstehst du, das ist über zwanzig Jahre her, wir waren nicht mal zusammen oder so was, da ist nichts, wir sind wie Bruder und Schwester, und überhaupt ist es an Absurdität nicht zu überbieten, dass ich mich dafür rechtfertigen muss, als hätte ich sonst was gemacht. Stell dich nicht so an.»

«Tu, was du für richtig hältst», sagte ich, als wären diese Worte die finsterste Drohung.

Hörte ich im Hintergrund die Türklingel?

«Was war das?»

«Das muss Julian sein. Tschüs!»

«Ja, äh, tschüs, ich …»

Und dann legte sie auf.

Sie hatte alles gesagt, was zum klassischen Eifersuchtsszenario gehört.

Mach dich nicht lächerlich Man macht sich immer lächerlich, wenn man eifersüchtig ist. Wer eifersüchtig ist, hat immer den schwarzen Peter. Ein Gefühl, das einen innerlich auffrisst wie Käfer einen abgestorbenen Baum. Das einsamste Gefühl der Welt. Und dann zu allem Überfluss das Bewusstsein, auch noch eine lächerliche Figur abzugeben.

Wir sind wie Bruder und Schwester Ha, ha, ha. Dass ich nicht lache. Kennt man doch alles von der singenden Achselhöhle Klaus Lage, war ja gerade top-aktuell, als Juli und Luischen noch gemeinsam die Wolle aus dem Teddy gezupft haben: «Tausendmal berührt, tausendmal ist nichts passiert – und dann hat's Zoom gemacht.» Lief wahrscheinlich gerade im Radio, als die beiden auf die Idee kamen, mal auszuprobieren, wie Küssen so geht.

Natürlich schläft er hier, im Wohnzimmer auf der Couch Moment mal, wir haben nicht mal eine Schlafcouch, sondern nur zwei Zweisitzer. Und Julian ist zwar klein und verwachsen, aber er ist kein Zwerg. Mittlerweile schläft meine Mutter, ich habe eine leere Weinflasche vor mir und die zweite in Arbeit. Wenn ich jetzt in Hamburg anrufe, bin ich der Vollidiot vom Dienst. Was, wenn niemand rangeht? Mit zittrigen Fingern tippe ich eine Kurznachricht ins Handy (Eifersüchtige schrecken vor keiner postmodernen Peinlichkeit zurück): «Wenn ich auch nur ein einziges lockiges braunes Haar in unserem Bett finde, ist es aus.» Tage später wird mein Kollege

Kester mich fragen, was diese Nachricht zu bedeuten hatte. Nichts, nehme ich an. Nur, dass er im Adressenverzeichnis direkt vor Luise steht.

Eifersucht, wenn Menschen Tageszeit miteinander verbringen, die man lieber durch Stacheldraht voneinander getrennt sähe, ist eine Sache, aber die Eifersucht, wenn diese Menschen auch noch Nächte und ein Bett zur Verfügung haben, ist der Spezialfall für Fortgeschrittene.

Stell dich nicht so an Willkommen daheim, schwarzer Peter. Es ist ja nichts passiert. Es findet alles nur in meinem Kopf statt. All die Zweifel, das Misstrauen, die Angst und die Unsicherheit – alles meins. Wenn das nicht wäre, hätten Luise und ich ein paar schöne Tage – ich mit Freunden und Familie in Berlin, sie mit Julian in Hamburg, später würden wir uns alles erzählen, ich würde ein paar meiner üblichen schlechten Witze über den Dorfdepp von Tarpenbek machen, und alles wäre so, wie es bis eben war: das Paradies, verglichen mit dem, was sich im Augenblick in meinem Kopf abspielt. Ich *bin* das Problem. Die Folgen dieser Erkenntnis sind Selbsthass, Selbstmitleid und alle anderen unangenehmen Worte, die mit «Selbst-» anfangen. (Am Anfang der Eifersucht hat man noch wache Momente.)

Die nächsten Tage waren die Hölle, und die Tage waren angenehm im Vergleich zu den Nächten.

Meinen Eltern konnte ich nichts davon erzählen, warum, ist ebenso schwer wie überflüssig zu erklären: die alte Sprachlosigkeit zwischen Eltern und Kindern. Also schleppte ich mich allein mit meinem ängstlich zuckenden Herzen durch die Nachmittage im Familienkreis.

Alte Freunde, die ich lange nicht gesehen hatte, konnte ich ebenfalls nicht behelligen. Was hätte ich sagen sollen? «Ja, ich bin seit einem Jahr mit einer großartigen Frau zusammen, sie heißt Luise, hoffentlich lernt ihr euch bald mal kennen. Ich vermute übrigens, sie nimmt gerade ein spätes Frühstück mit einem alten Schulfreund in unserem Bett ein. Aber ansonsten ist alles in bester Butter.»

In der ersten Nacht schlief ich keine Sekunde. Bis halb fünf warf ich mich im Gästebett meiner Mutter hin und her und versuchte vergeblich, Visionen von Luise und Julian ohne Ober- und Unterbekleidung zu vertreiben. Schließlich stand ich auf, zog mich an und lief zur S-Bahn. Ich wollte nur in Bewegung sein. Sobald ich stehen blieb, brannte mir meine Eifersucht ein Loch in den Brustkorb. Ich nahm die erste S-Bahn Richtung Süden. Ich lief einmal um den Schlachtensee und die Krumme Lanke (zirka zehn Kilometer) und hoffte mit jedem Schritt, so etwas wie Frieden zu finden.

Hätte mir jemand anders als meine eigene verzweifelte innere Stimme etwas von der Schönheit der Welt und der Winzigkeit meiner Probleme erzählt, so hätte ich mit fester Stimme geantwortet: «Darauf scheiße ich mit Nachdruck. Wenn Sie mir wirklich helfen wollen, liefern Sie mich ein oder sehen Sie in der Gaitnerstraße 46 in Hamburg nach dem Rechten. 3. Stock links. Und machen Sie schnell, um Himmels willen! Hier sind die Schlüssel.»

Was mich auf eine ebenso verzweifelte wie ausgezeichnete Idee brachte. Mittlerweile war es fast sieben, als ich wie vom Donner gerührt stehen blieb, nach meinem Telefon fingerte und Robert anrief.

«Mmmjaaaah.»

«Robert, bin ich dein bester Freund?»

«Um diese Uhrzeit habe ich keine Freunde.»

«Lass die Scherze. Du musst mir einen Gefallen tun. Du hast doch von Julian gehört, oder?»

«Der Herzensbrecher von Ostholstein? Ich glaube schon.»

«Die Situation ist folgende. Julian ist bei Luise, ich bin in Berlin, und um ganz ehrlich zu sein: Ich gehe ein.»

«Quatsch. Du spinnst wohl. Mach dir bloß keine Sorgen.»

(Hatte ich in diesem Augenblick ein schlechtes Gewissen, ausgelöst durch was auch immer sich in Frankfurt abgespielt hatte? Ha! Natürlich nicht. Der Eifersüchtige ist der größte Egoist von allen.)

«Kann ich nicht. Robert, bitte, ich flehe dich an, zieh dir irgendwas an und fahr zu unserer Wohnung, klingele und tu so, als wären wir beide heute früh um halb acht zum Joggen verabredet gewesen und ich hätte vergessen, dir abzusagen und wenn du schon mal dort bist, schaust du dich ein bisschen um und klärst die Übernachtungssituation. Ich will nur wissen, ob die beiden Sofas im Wohnzimmer irgendwie beschlafen aussehen, zusammengeschoben, Kissenelemente auf dem Boden, was weiß ich, bitte! Frag nach einem Glas Wasser, um in die Wohnung zu kommen, falls Luise die Kette vorlässt.»

Am anderen Ende der Leitung war einen Moment Funkstille, dann hörte ich undeutlich Annikas Stimme fragend im Hintergrund und ein abgerissenes «… braucht eine Lobotomie» von Robert.

«Robert?»

«Das mache ich nicht.»

«Robert, bei unserer Freund…»

«Woah! Vorsicht. Genau deshalb, wegen unserer Freundschaft. Weil es dir nur für kurze Zeit hilft. Weil du mich dann morgen früh um den gleichen Mist bittest, oder um irgendwas noch Abgedrehteres. Und übermorgen auch. Du musst da selber rauskommen.»

«Und wie, wenn ich fragen darf?»

«Indem du dich mal ganz in Ruhe fragst, was Luise für eine Frau ist und was ihr für eine Beziehung habt.»

«Ist das dein letztes Wort?»

«Hör zu, reiß dich zusammen. Hau auf die Pauke. Triff dich mit anderen Frauen. Lass mal Fünfe gerade sein.»

Robert hatte natürlich völlig Recht. Aber davon konnte ich mir einen Leuchtkeks kaufen und ihn im Dunkeln essen. (Grundschulsprüche! Sofortassoziation: Luise und Julian, beide mit Zöpfen, Händchen haltend auf dem Schulhof in der 3. Klasse. Momentan womöglich Händchen haltend in meiner Küche. Trägt dieser Sack am Ende meinen Bademantel und meine Hausschuhe?)

Aber irgendwas musste ich unternehmen. In Hamburg ging immer noch niemand als Telefon. Ich traf mich am Abend mit meiner alten Freundin Katja. Und merkte, dass ich die Eifersucht für eine gewisse Zeit in Schach halten konnte, wenn ich, egal wie forciert, eine Weile sinnlos daherkrakeelte und mich in verräucherten Räumen mit lauter Musik, Alkoholausschank und anderen daherkrakeelenden Menschen aufhielt.

Aber Katja musste früh raus, und so stieg ich schon um elf an unserer Straße wieder aus dem Bus. Ich lief also zur Tankstelle, kaufte eine Flasche Tankstellenwein und meine erste Schachtel Zigaretten seit Jahren, und dann setzte ich mich in mein Auto, entkorkte den Wein mit dem Taschenmesser, wie Annika es vor langer Zeit in Frankfurt getan hatte, zündete mir eine Zigarette an und schob die einzige Cassette ins Autoradio, von der ich mir in dieser Situation noch Linderung versprach: Dionne Warwick singt Burt Bacharach.

Also saß ich da, trank den erschütternden Chianti direkt aus der Flasche, achte aus dem Fenster und sang feuchten Auges mit, wenn Dionne sich fragt: «Are you there with another girl», das noch sauer und mit Nachdruck, und dann, verletzt und voller Schmerz dazugehaucht «… instead of me?» Zwar: Das wusste ich ja schon. Aber: Es half trotzdem.

Jemand klopfte an meine Fensterscheibe. Ich kniff die Augen zusammen, drehte das Radio leise und erkannte das knochige Gesicht von Frau Kobernok, einer Nachbarin, die schon alt gewesen war, als ich noch Fußbälle in ihren Garten geschossen hatte.

«Enabend», sagte ich undeutlich.

«Alles in Ordnung?», fragte sie, während ihr Dackel sich an der nächsten Gaslaterne krümmte.

«Ja. Bestens», sagte ich. Und dann erkannte ich plötzlich: Es gab nur noch Frau Kobernok und mich. (Seitdem weiß ich, wie sich Menschen fühlen, die Barmännern ihre Lebensgeschichte erzählen.)

«Nein, das stimmt so nicht. Mir geht's miserabel.»

Frau Kobernok nickte. «Das sehe ich», sagte sie.

«Meine Freundin hat Besuch von einem anderen Mann, und ich habe keine Ahnung, was die beiden gerade anstellen.»

Frau Kobernok nickte und beobachtete ihren Dachshund aus dem Augenwinkel.

«Ist das noch Basti?», fragte ich.

«Nein. Das ist Gotthilf zwo. Deine Freundin, ist das die Kleine mit den schwarzen Haaren und der schlechten Angewohnheit, ihre Kippen auf den Gehweg zu werfen?»

«Die und keine andere.»

154

«Ich will dir was sagen.» Ich nickte erwartungsvoll.

Frau Kobernok ließ Gotthilf an der grünen Plastikreißleine zu sich heranschnellen und sagte: «Deine Freundin betrügt dich nicht. Alles ist in bester Ordnung. Wer eifersüchtig ist, hat selten wirklich einen Grund. Glaub bloß nicht, dass du die große statistische Ausnahme bist. Du hast nur Angst, und das ist ganz gut so, denn sonst wärst du nur ein gefühlloser Idiot, der eines Tages sitzen gelassen wird, ohne jemals eifersüchtig gewesen zu sein. So bist du nur ein einfacher Idiot, kein gefühlloser. Du scheinst die kleine Kettenraucherin wirklich zu lieben. Und ich weiß aus sicherer Quelle, dass sie dich genauso liebt.»

Ich legte die leere Chiantiflasche neben die Handbremse und versuchte vergeblich, auf Frau Kobernoks faltiges Gesicht zu fokussieren.

«Sichere Quelle? Was meinen Sie damit?»

Frau Kobernok beugte sich zu mir herunter und sagte fest und bestimmt, so, dass kein Raum für Zweifel blieb: «Ich hab's im Urin.»

Ich sah ihr nach, wie sie mit Gotthilf zwo die Straße herunterdackelte und schließlich in ihrer Haustür verschwand. Was sie mir gesagt hatte, war natürlich kompletter Schwachsinn, aber am Ende hatte sie womöglich sogar Recht.

Ich stieg aus meinem Wagen, stieg nochmal ein und kurbelte das Fenster hoch, wunderte mich, dass das Radio von alleine ausgegangen war, und dann ging ich ins Bett und schlief halbwegs anständig.

Zwei Tage später fuhr ich zurück, nachdem Herr Kobernok mir Starthilfe gegeben hatte. Ich hatte den großen Eifersuchtskater: das merkwürdige Gefühl, sich längere Zeit tatsächlich «lächerlich gemacht» und «angestellt» zu haben, vermengt mit der Angst, nun bald zu erfahren, was sich wirklich abgespielt hatte, oder, viel schlimmer, es nie zu erfahren und insgeheim immer einen Rest Zweifel und einen Rest Verletztheit zurückzubehalten.

«Ich hab dich vermisst», sagte Luise. Sie stand barfuß in der Tür, und aus unserer Wohnung kam der Duft eines aufwendigen Alles-ist-wieder-gut-Essens.

Im Laufe des Abends erzählte sie, dass Julian tatsächlich gehofft hatte, da liefe was: «Das war ein bisschen unangenehm. Oder sogar sehr.» Es war nicht zu fassen. Früher hätte man seinen Rivalen wegen so was mit Sekundanten im Morgennebel getroffen, und zwar am besten direkt zwischen die Augen.

«Aber dann wurden es doch noch ein paar ganz nette Tage. Ich war trotzdem froh, als er wieder abgefahren ist. Am Ende konnte ich ‹Ring of Fire› mit deutschem Text und lokalem Bezug nicht mehr hören.»

Was das mit den netten Tagen bedeuten sollte, frage ich mich heute noch. Was ist damals wirklich passiert? Denn das Fatale an der Eifersucht ist: Wirklich weg geht sie nur, wenn sie bestätigt wird.

Mach ruhig
allein weiter *Eine Sexbeichte*

Sie stand vor mir, nackt, wie Gott sie schuf. «Ganz schön warm hier drinnen», hauchte sie und fuhr sich dabei mit der Zunge über die Lippen. «Willst du dich nicht auch ein bisschen … freimachen?»

Sollten Sie dieses Buch gerade zum ersten Mal aufgeschlagen haben, um zielsicher dieses Kapitel anzusteuern, in der Hoffnung, hier ein paar deftige, wie wir in der Fachsprache sagen, «Stellen» zu finden, dann erst mal: Herzlich willkommen. Ja, hier sind Sie goldrichtig. Hier geht es gleich so richtig zur Sache: Menschen werden sich entkleiden. Sie werden ihre Körper aneinander reiben und sich gegenseitig Sauereien ins Ohr stöhnen, die Henry Miller, «Coupé» und Anonymus auch in ihren drastischsten Stunden nie zu denken gewagt hätten. Menschen werden sich Sexualpraktiken hingeben, die in 49 von 50 US-Bundesstaaten mit Zuchthaus und Aberkennung der bürgerlichen Ehrenrechte geahndet werden. Und das Tollste daran:

alles selbst erlebt. Von mir, dem Autor Ihres Vertrauens.

Nein, so geht es nicht. Vielleicht eher so: Wir haben auf den vergangenen Seiten bereits so manche Untiefe der Zwischenmenschlichkeit gemeinsam durchschifft: darunter Machtspiele, Dauerkämpfe und Pfirsichshampoo im spartanischen Badezimmer des modernen Mannes. Doch erst jetzt stoßen wir gemeinsam vor in jenen sensiblen, aber auch schönsten Bereich der menschlichen Zweisamkeit: die Sexualität, von ihren Anhängern oft auch liebevoll «Sex» genannt.

Gut, so geht es auch nicht. Über Sex redet man nicht, Sex hat man.

Aber so einfach ist das auch wieder nicht. Also machen wir's einfach so: Sie fragen, und ich antworte.

Denken Männer eigentlich wirklich die ganze Zeit an Sex? Es lässt sich ziemlich präzise in Zahlen ausdrücken, wie oft Männer am Tag an Sex denken: einmal. Und zwar ununterbrochen. Unser Tag beginnt bereits mit dem Phänomen, das wir so anschaulich «Morgenlatte» nennen. Es ist, als wollte uns die Evolution zur Einstimmung auf den Tag einen Fingerzeig geben: Dies ist der einzige Grund, aus dem ihr überhaupt auf der Welt seid. Denkt mal drüber nach. Am besten pausenlos. Es heißt ja:

Männer denken sowieso nur mit dem Schwanz. Das trifft nicht ganz zu. Oder zumindest liegt hier ein Definitionsproblem vor. Wir denken zwar mit dem Hirn, aber genau genommen gibt uns alles Anlass, an Sex zu denken. Die Anwesenheit von Frauen. Die Abwesenheit von Frauen.

Eine typische Assoziationskette läuft etwa so ab: Im Auto an der Ampel. Blick fällt aufs Wahlplakat eines Lokalpolitikers. Sieht der Typ abgewrackt aus. Ob der wohl noch Sex hat? Und mit wem? Mit anderen Politikerinnen? Aber welchen? Mit welchen Politikerinnen würde ich eigentlich Sex haben wollen? Fallen mir zehn ein? Oder wenigstens fünf? Und wie wäre es, sagen wir mal, mit der Dings, der bayrischen SPD-Vorsitzenden … usw., usf.

Es scheint eine Art Naturgesetz der männlichen Wollustphantasien zu sein: je banaler der Anlass, desto drängender die versauten Gedanken. S-Bahn-Wagen, Schalterhallen, Supermärkte, Amtsstuben und T-Punkt-Läden – was für Orgien haben sich hier in meiner Phantasie schon abgespielt. Vielleicht unterscheidet mich das von Menschen, die wichtige Erfindungen machen: Wenn ich im Supermarkt zehn Minuten an der Kasse warte, denke ich an Sex mit der Frau, die in der Schlange vor mir steht und völlig entnervt versucht, ihr Kleinkind daran zu hindern, Hightechsüßigkeiten aus den Quengelregalen zu räumen. Wie anziehend sie mit ihren aufgelösten Haaren und ihrem mühsam unterdrückten Wutausbruch ist! Dann stelle ich mir vor, der jugendliche

Geliebte der aufgetakelten Exprimaballerina zu sein, die gerade gelangweilt Wodka und eingeschweißten Räucherlachs aufs Band legt. Und was macht eigentlich die Verkäuferin in ihrer Mittagspause? Ich habe doch auch nichts Besseres zu tun, warum wälzen wir uns nicht zwischen Kisten und Kartons ... Nein, äh, wie viel? Vier Pfennig? Hab ich nicht klein.

Die Unverhältnismäßigkeit dieser Gedankenspiele hat natürlich etwas potenziell überaus Lächerliches. Da bin ich allein mit einer an sich völlig unscheinbaren Frau auf einem vermüllten U-Bahnsteig. Was, wenn wir füreinander bestimmt sind? Eigentlich ist sie sogar recht hübsch. Etwa in meinem Alter. Möglicherweise sind wir unglaublich kompatibel. Gar nicht so abwegig. Eine schöne Frau. Was, wenn sie mich anspricht, und nach einigen viel sagenden Blicken verbringen wir in einem Hotel eine dieser Liebesnächte, wie sie nur in Romanen von Johannes Mario Simmel vorkommen? Man kann sich leicht vorstellen, wie sich diese Situation dramatisiert, sobald es sich tatsächlich um eine spektakulär attraktive, aufreizend angezogene Frau handelt; besonders schlimm in Kombination mit dem jahreszeitlich bedingten Reizanstieg im Frühling, Vorfrühling, Frühsommer, Hochsommer, Spätsommer und Altweibersommer. Und im Frühherbst.

Und während ich nun also gerade dabei bin, mir unseren Beischlaf mit viel Liebe zum Detail auszumalen, sieht die Frau plötzlich zu mir herüber und kommt auf mich zu. Panik wäre das falsche Wort. Es ist mehr das Gefühl von peinlicher Unangemessenheit, das einen auch beschleicht, wenn man in eingelaufenen Unterhosen rasch die Zeitung aus dem Briefkasten holen geht und die Wohnungstür hinter sich ins Schloss fallen hört.

«Is des die Bahn nach Brrenslauer Berrg?», fragt sie voll fränkisch zugereister Gutmütigkeit, und dabei hatte ich mir gerade vorgestellt, wie sie mir stöhnend ihre Lieblingsstellung zuruft. Jedenfalls werde ich rot, stammle eine kaum verständliche Bestätigung, und natürlich schäme ich mich auch. Ich will schließlich überhaupt nichts von dieser Frau! Es ist nicht so, dass wir wirklich allzeit bereit sind und ständig nur auf eine Gelegenheit lauern. Wir sind gar nicht wirklich erregt, es ist mehr eine Art virtueller Geilheit, die sich nicht körperlich auswirkt und uns weiter einigermaßen normal funktionieren lässt.

Aber leiden wir eigentlich unter diesem permanenten Triebaufbau? Ja. Nein. Ich weiß es nicht. Es nervt. Es nervt, tagtäglich Unterwäschewerbung, Filmplakaten, nackten Frauen und suggestiv geöffneten Lippen überall und bei jeder noch so unpassenden Gelegenheit ausgesetzt zu sein. Es ist deprimierend zu wissen, dass all dieses ranzige Zeug nur unseretwegen verbreitet wird. Ausgedacht ebenfalls von Typen wie uns, die genau wissen, dass wir doch wieder hingucken und uns unseren Teil denken müssen.

Aber warum müssen wir? Ich glaube nicht an den angeborenen Instinkt, der uns zwingt, ständig nach paarungswilligen Artgenossinnen Ausschau zu halten. Es sichert doch nicht das Überleben der Menschheit, wenn ich mir Sex mit der Supermarkt-kassiererin vorstelle! Vielleicht ist unsere Sexbe-sessenheit das Erbe von einigen tausend Jahren Patriarchat, eine Suppe also, die wir uns selbst eingebrockt haben. Traditionelle Potenzverherrli-chung und männlicher Größenwahn sind auf ein Durchschnittsmaß zusammengeschrumpft und ver-folgen uns jetzt als Fluch der Libido.

Aber machen wir mal halblang. Erniedrigen wir nicht rund um die Uhr Frauen, indem wir ständig erotische Signale empfangen und verarbeiten, wo gar keine ausgesendet werden? Gibt es ein Männer-recht auf Dauergeilheit?

Wenn wir nicht den Sportteil lesen können, ohne ständig mit den Augen zu den Fotos vom Damen-tennis zu wandern, wenn wir nicht im Bus sitzen können, ohne der Frau neben uns alle halbe Minute auf die Beine zu starren, dann erniedrigen wir leider in erster Linie uns selbst.

Danke, jetzt wissen wir mehr, als wir je erfahren wollten. Aber wie verändert sich der Sex im Lau-fe der Beziehung? Die Meinungen hierüber gehen auseinander. Viele Leute, vor allem jene, die vor Zeugen sprechen und zu Hause keinen Ärger haben wollen, behaupten, dass der Sex im Laufe der Jahre *natürlich* immer besser wird, weil man sich kennt, vertraut miteinander ist, sich nicht mehr verstellen muss, alles über die eigenen und die Wünsche und Bedürfnisse des anderen weiß.

Exakt dieselben Gründe dienen anderen Menschen dazu, den Sex nach Ablauf der Ausprobier- und Klamotten-vom-Leibe-reiß-Phase zur langweiligsten Angelegenheit seit der Indienststellung Heiner Bremers zu erklären. Nach Ansicht dieses Lagers erschöpft sich der beziehungsinterne Sex nach Ablauf der ersten drei Monate auf die statistisch ermittelten 2,2-mal pro Woche, wobei das darin enthaltene 0,2-mal wahrscheinlich für «Mach du mal allein weiter, ich geh schon mal schlafen» steht.

Für beide Ansichten spricht viel, und zwar die persönliche Erfahrung. Alles verändert sich im Laufe einer Beziehung: die Kommunikation, die Essgewohnheiten, die Freizeitgestaltung und selbstverständlich auch die Beischlaffrequenz und -intensität. Wüsste ich, wie man den selbstvergessenen Sex der ersten Wochen so lange konservieren kann, bis er altersbedingt zum orthopädischen Risiko wird, dann hieße dieses Buch «Raethers Sexformel» und die Rentendiskussion wäre, was mich betrifft, erledigt. Ich weiß nur so viel: Das Schlagwort von der sich selbst erfüllenden Prophezeiung ist selten so zutreffend wie dann, wenn es um Sex geht. Schlechten Sex wird man immer dann haben, wenn man resigniert erwartet, schlechten Sex zu haben.

Haben andere Leute immer den besseren Sex?
Ja. Zumindest, wenn man sich auf andere Leute als Informationsquelle verlässt. Nirgends wird so viel gelogen und verfälscht wie auf diesem Gebiet. Das liegt daran, dass Sex das einzige Statussymbol ist, auf das sich alle einigen können. Wer heutzutage keinen jedes Mal absolut einmaligen/wilden/ausgefallenen/experimentierfreudigen Sex hat, hält besser die Klappe. Da dies jedoch auf praktisch alle zutrifft und trotzdem die meisten hin und wieder gern und viel über Sex reden (unter Freundinnen, Freunden, in Talkshows und vor Untersuchungsausschüssen der amerikanischen Regierung), kommt es zu einem erstaunlichen Missverhältnis: Man selber hört zu und denkt sich, wow, bei denen geht es wirklich ab, und bei mir?, und dann setzt man noch einen drauf, und die anderen denken insgeheim genau dasselbe, und so geht's dann endlos weiter.

Ist Männern Fußball wichtiger als Sex? Nein. Es sei denn, der eigene Verein spielt zu Hause gegen die Bayern (über das Sexleben von Fans des FC Bayern München ist mir nichts bekannt).

Was soll man tun, wenn die Beziehung super ist, der Sex aber katastrophal? Jetzt würden viele sagen: Wenn der Sex katastrophal ist, kann die Beziehung nicht gut sein. Glaube ich aber nicht. Es gibt einfach Leute, die wenig Interesse an Sex oder kein Talent dafür haben. Und mit denen man ansonsten die beste Zeit seines Lebens hat. In diesem Fall gibt es drei Möglichkeiten:

1. Sich abfinden und möglicherweise per Anzeige einen «jungen Mann mit Stehvermögen und Tagesfreizeit» suchen. Was allerdings dazu führen kann, dass der sexlose Teil der Beziehung bald auch nicht mehr super ist. Womit wenigstens ein gewisser Ausgleich erzielt wäre.

2. Vom vielfältigen Beratungsangebot des psychosozialen Sektors Gebrauch machen und/oder sich in Instituten für Ehehygiene (vulgo «Sex-Shops») ausstatten und einfach nicht nachlassen, bis man den Partner zu dem gemacht hat, was man braucht. Die Wahrscheinlichkeit ist allerdings groß, dass dieser im Verlaufe der Bemühungen das Weite sucht.

3. Das Schwierigste tun, was es im Leben gibt: sich entscheiden. Herausfinden, was einem wichtiger ist. Den anderen über diese Entscheidung nicht im Dunkeln lassen. Und, falls die Entscheidung für die Beziehung ausfällt: nicht völlig aufgeben. Alles verändert sich. Hin und wieder auch zum Guten.

Und wenn es umgekehrt ist? Weitermachen und gleichzeitig die Augen offen halten. Tagsüber, meine ich.

Was, wenn ich wilde und ausgefallene Sachen machen will, mein Partner aber nicht? Was für wilde und ausgefallene Sachen meinen Sie denn genau?

Wer stellt hier eigentlich die Fragen? Schon gut. Die Ansichten darüber, was «wild und ausgefallen» ist, gehen weit auseinander. Wenn ich Ihnen meine auseinander setze, schlafen Sie entweder ein oder zeigen mich an, je nachdem, was Sie darunter verstehen.

Möglicherweise liegt es daran, wie Sie Ihr Anliegen vortragen. Bei einem Aufenthalt in den USA hörte ich einmal die Radiosendung der berühmten Sexberaterin Dr. Ruth Westheimer, die von einer Anruferin gefragt wurde: «Ich wünsche mir, dass mein Partner häufiger Oralsex an mir vollzieht (ich übersetze wörtlich), möchte ihm dies aber während des Sex nicht sagen. Wie kann ich ihm mein Anliegen verständlich machen?» Woraufhin Dr. Ruth Westheimer vorschlug, die Anruferin möge doch ihr Kissen auf der einen Seite mit dem Wort «Oral» besticken und im entscheidenden Augenblick einfach wortlos umdrehen. Ein in seiner Durchgeknalltheit entzückender Vorschlag. Ich male mir gerade aus, wie Sie zu Hause sitzen und ein gutes Dutzend Kissen mit den Bezeichnungen für drastische Sexualpraktiken besticken. Eventuell auch mit Abbildungen.

Haben Sie also wirklich deutlich gesagt, was Sie möchten, deutlich, aber nicht verstörend deutlich? Wenn ja, dann gilt das Gleiche wie oben, und Sie müssen sich fragen: Wie wichtig ist Ihnen die Budapester Beinschere/die chinesische Schubkarre/die Sache mit der Tasse wirklich? So wichtig, dass Sie kurz davor sind, sich jemand anders zu suchen? Oder hat es Zeit bis nächstes Jahr, wenn Herr oder Frau «Igitt, so was mach ich nicht» die Dinge vielleicht ganz anders sieht?

Was, wenn mein Partner mich drängt, wilde und ausgefallene Sachen zu machen? Sie sollten anfangen, sich Gedanken zu machen, wenn Ihr Partner mit vollen Einkaufstüten aus der Kurzwarenhandlung zurückkommt und vorgibt, sich plötzlich für Handarbeit zu interessieren. Sonst sollten Sie sich ebenfalls Gedanken machen. Wir sind nun mal leider aus dem Alter raus, in dem man auf viel Verständnis rechnen kann, wenn man andere bittet, sie mögen einem «noch Zeit lassen». Möglicherweise sind Sie a) an einen Menschen geraten, der zu viele Fernsehmagazine auf den hinteren Programmplätzen gesehen hat und glaubt, sein (oder ihr) Seelenheil hinge davon ab, ein Sexleben zu haben wie operierte Pornodarsteller in der Schaumdisco, oder b) an jemand, der wirklich nicht leben kann ohne dies oder das. Im Falle von a) können Sie darauf vertrauen, dass das Opfer der Boulevardmagazine und des allgegenwärtigen Sexterrors sich in absehbarer Zeit für «Keuschheit: der neue Supertrend aus USA» oder etwas ähnlich Unproblematisches begeistern wird. Im Falle von b) sollten Sie sich und die betreffende Person fragen, ohne was er wirklich nicht leben kann: die Budapester Beinschere/die chinesische Schubkarre/die Sache mit der Tasse oder Sie?

Kann der Sex, den man innerhalb der Beziehung bekommt, überhaupt ausreichen? Es gibt zwei Arten von traurigen Gestalten: jene, die sich einreden, dass dies so ist, um dann irgendwann im Latexanzug ertappt zu werden und sich allen Ernstes sagen zu hören: «Das ist nicht, wonach es aussieht.» Und jene, die von vornherein sagen: «Nein, natürlich nicht», und dann Taten folgen lassen in der Überzeugung, lediglich einem Naturgesetz zu folgen und daher vermindert schuldfähig zu sein.

Man kann verhindern, in eine dieser beiden Kategorien zu geraten, wenn man sich in einer stillen Minute vor Augen führt, dass eine Beziehung immer auch mit Verzicht zu tun hat. Man verzichtet darauf, die Abende allein mit seiner Katze zu verbringen, ungestört seine Lieblingsprogramme im Fernsehen zu verfolgen und in der knappen verbleibenden Zeit enthemmt in der Gegend herumzuvögeln. Und für diesen Verzicht bekommt man einiges retour. Sollte man feststellen, dass einem die Gegenleistung nicht mehr genügt, dann sollte man etwas unternehmen. Aber das ist dann ein anderes Thema.

Und bei Ihnen zu Hause? Woher soll ich das wissen? Ach so. Ahahaha. Bei Luise und mir. Ich glaube, das waren jetzt wirklich genug Fragen. Das Kapitel ist hiermit beendet. Machen Sie das Beste aus dem angebrochenen Abend.

Ähem. Verlassen Sie jetzt bitte das Kapitel.

Feigling. Ganz ehrlich: Das wollen Sie gar nicht wissen.

Das ist ja nun die reine Angeberei. Nein, ganz im Ernst. Was hätten Sie davon, wenn Sie, jetzt mal rein hypothetisch, von mir erführen, dass Luise und ich a) total asexuell sind und uns nur an hohen Feiertagen die nackten Leiber mit Nivea-Creme einschmieren und dann aneinander reiben, bis die Nivea vollständig eingezogen ist, b) ein völlig normales Sexleben haben, was sowieso eine Nicht-Feststellung wäre, da es keinerlei Übereinkunft darüber geben kann, was in Sachen Sex normal ist und was nicht, c) ich diese Sätze wie alle vorherigen und alle nachfolgenden nackt geschrieben habe, da es sich gar nicht lohnt, mir zu Hause überhaupt irgendwas anzuziehen, d) ich der gefügige Diener einer stren-

gen und erfahrenen Zofe bin und gerade ein Hunde-
halsband mit Stacheln an der Innenseite trage?

Autsch. Ich war sehr ungezogen. Ich werde es
nicht wieder tun.

– Ich muss jetzt wirklich gehen.

Bist du's? *Wenn man sich plötzlich fremd wird*

«Ich geh nochmal schnell ins Bad.»

«Gut. Ich zieh mich schon mal an.»

Ich mache die Badezimmertür hinter mir zu, drehe den Wasserhahn auf, drehe ihn wieder zu, setze mich auf den Wannenrand und reibe mir die Schläfen. Was ist hier eigentlich los? Ein ganz normaler Freitagabend, einer, auf den ich mich den ganzen Tag über gefreut habe: Wir haben fürs Wochenende eingekauft und wollen jetzt Chinesisch essen gehen. So weit kein Problem. Aber irgendetwas ist merkwürdig. Gut, wir sind beide erschöpft von der Arbeitswoche, hungrig, und wenn Luise und ich Hunger haben, ist die Atmosphäre immer leicht gespannt. Aber heute liegt etwas in der Luft, was sich nicht durch die Zufuhr von Kohlehydraten ausräumen lässt.

Ich trete in den Flur. Luise steht fertig angezogen vor der Garderobe, ich drängele mich an ihr vorbei, um an meine Jacke zu kommen, sie will beiseite treten und stellt sich mir dabei in den Weg. Wir schieben uns aneinander vorbei, ohne uns anzusehen.

«'tschuldige.»

«Macht nichts.»

Als wären wir zwei Fremde, die sich auf dem Gehweg ausweichen.

Wer, zum Teufel, ist diese Frau?, frage ich mich, als ich, die Hände in den Taschen vergraben, hinter Luise die Treppe hinuntersteige. Wie kommen wir dazu, unsere Jacken an ein und derselben Garderobe abzuhängen, was um alles in der Welt bringt uns dazu, jetzt den Abend miteinander zu verbringen? Schweigend laufen wir nebeneinander her.

«Und, was nimmst du?», fragt Luise nach einer Weile. Einer unserer Standards, ein Ritual, zu dem normalerweise gehört, auf den fünfhundert Metern bis zum Restaurant alle unsere Lieblingsgerichte aufzuzählen, die Vor- und Nachteile zu diskutieren und pro Kopf drei bis vier Bestelloptionen zu entwickeln, bis wir vor lauter Vorfreude am liebsten losrennen würden. Heute erscheint mir die Frage völlig überflüssig.

«Weiß noch nicht», antworte ich nach einer bis an die Grenze der Erträglichkeit ausgedehnten Pause. Und dann, nach einer weiteren: «Und du?»

Luise sieht mich müde von der Seite an und sagt dann ohne jegliche Betonung: «Selbe wie immer.»

Während wir auf das Essen warten, zerbreche ich mir den Kopf: Was ist bloß los mit uns? Warum habe ich an diesem Abend das Gefühl, diese Frau überhaupt nicht zu kennen? Sie sitzt da und raucht, und plötzlich ist mir jeder ihrer automatischen Züge an der Zigarette eine Zumutung.

«Musst du so viel rauchen?»

Luise zuckt mit den Achseln, raucht weiter und starrt in das Zierfischbecken hinter unserem Tisch. Ich kenne sie überhaupt nicht. Ich habe keine Ahnung, was ihr gerade durch den Kopf geht. Ist sie gelangweilt? Hat sie ihre Tage? Bin ich ihr genauso fremd wie sie mir?

Das Essen kommt, und für eine kurze Zeit konzentriere ich mich auf Nr. 62, Huhn Sezuan-Art. Das Huhn sieht aus und schmeckt wie immer. Endlich etwas, was mir wirklich vertraut ist.

Luise hat jetzt beschlossen, dass wir uns unterhalten. Sie erzählt von ihrer neuen Fachbereichsleiterin, ich nicke hin und wieder, würdige ihren guten Willen, und manchmal lächle ich sogar beflissen. Aber wenn ich ehrlich bin, interessiert mich überhaupt nicht, was Luise da erzählt. Nach einer Weile gibt sie auf.

Normalerweise interessieren mich all die kleinen und großen Geschichten aus Luises Leben. Und eigentlich habe ich mich den ganzen Tag darauf gefreut, mit ihr zu reden. Aber jetzt habe ich das Gefühl, kein Wort sagen zu können, denn ich bin sicher: Sie würde mich einfach nicht verstehen.

Was interessiert sie, wer ich bin und was ich mache?

Es ist unheimlich, wenn einem der andere plötzlich fremd wird. Was soll man sagen, wie soll man sich verhalten, wenn man das Gefühl hat, Außerirdische hätten einem die Freundin entführt und an ihre Stelle ein fast perfektes Double gesetzt, zu dem man aber keinen Kontakt mehr herstellen kann?

Wir gehen nach Hause. Ich bemühe mich um Fröhlichkeit, aber Luise sieht mich unverwandt von der Seite an. Ich spüre, dass es ihr genauso geht wie mir. Das macht die Sache ein bisschen leichter: Wenigstens dieses eine Gefühl teilen wir im Augenblick.

Aber die Liebe macht keine Pause. Die Momente der Fremdheit sind vielmehr Momente der Klarheit. Wir treten neben uns und sehen für einige Stunden ganz deutlich, dass wir eben doch nicht automatisch eine Einheit sind, sondern zwei völlig verschiedene Menschen, die mehr oder weniger zufällig aneinander geraten sind. Die Momente der Fremdheit sind wie Atempausen von einem Gefühl, das im Grunde so groß und überwältigend ist, dass man bei genauer Überlegung richtig Angst kriegen könnte. Unsere Seele ist nicht dafür gemacht, die ganze Zeit über Höchstleistungen zu erbringen. Und wir können uns nicht rund um die Uhr als aufgelöster Teil unserer Zweierbeziehung fühlen.

Manchmal werden die Abstände zwischen den Fremdheitsgefühlen immer kürzer. Und bei einigen hören sie nie wieder auf. Es gibt Ehepaare, die haben dieses Nebeneinanderherleben zu einer Kunstform erhoben, komplett mit getrennten Schlafzim-

174

mern und separater Freizeitgestaltung. Viele umweht dabei eine heitere Gelassenheit, und wenn sie sagen: «Wir leben jeder unser eigenes Leben», dann klingt das auch noch wie eine große Errungenschaft. Aber ist das eigentlich der Sinn der Sache? Ist man damit nicht wieder zurück auf null, mit dem zu vernachlässigenden Vorteil einer besseren Steuerklasse und einer größeren Wohnung?

Wenn die Fremdheit uns nur hin und wieder überfällt, brauchen wir nicht in Panik zu geraten. Sie ist wie ein kleiner Mechanismus, der uns daran erinnern soll: Es ist keine Selbstverständlichkeit, dass wir mit diesem Menschen glücklich sind.

Allerdings ist es nicht leicht, aus der Fremdheit wieder herauszufinden. Meistens hilft es, eine Nacht darüber zu schlafen. Wobei es ganz besonders unangenehm ist, neben sich im Bett einen Menschen atmen zu hören, der genauso gut von der Straße hätte hereingeschneit sein können, um sich mit den Worten «Kann ich hier knacken?» neben einem auszustrecken.

Völlig daneben geht es meistens, wenn man das tut, worauf Martin schwört. Ich habe einmal versucht, mich mit ihm über Fremdheitsgefühle zu unterhalten, und er hat mich nur angestarrt und mich gefragt, ob ich vielleicht ein bisschen zu viel Camus und zu wenig «Joy of Sex» gelesen hätte. Sein Allheilmittel gegen jede Art von Beziehungsproblemen heißt nämlich «drüber weg vögeln». Aber wenn man Fremdheit mit Sex besiegen will, steigert man sie leicht ins Unermessliche: Unsere Gefühle liegen selten so bloß wie beim Sex. Dann berührt man den anderen, und plötzlich ist einem auch der Körper fremd, den man am besten kennt. Die eigene Erregung wird einem fremd, bis sie völlig vergeht, und dann liegt man da, nackt und schutzlos.

Luise ist im Badezimmer, ich höre, wie sie sich die Zähne putzt, während ich mich schon in die Decke eingewickelt habe.

Irgendwann wache ich auf, nach Stunden oder Minuten. Luise kriecht unter die Decke. Einen Augenblick liegt sie neben mir, ohne mich zu berühren.

«Ich habe kalte Füße», sagt sie schließlich und schiebt mir ebendiese zum Beweis zwischen meine. Schläfrig umarme ich sie von hinten. Mein Arm ruht auf ihrem Flanellschlafanzug, so, dass ich ihren Atem auf meiner Hand spüre. Und in diesem Augenblick weiß ich wieder ganz genau, wer sie ist und warum wir hier sind.

Es gibt noch eine andere Art und Weise, wie man sich fremd werden kann. Sie hat ein bisschen etwas von einem Trancezustand.

Wir sitzen am Frühstückstisch, Luise erzählt etwas, und ich höre nicht genau zu. Meine volle Aufmerksamkeit richtet sich darauf, vom Käse das exakt passende Stück für mein Brötchen abzuhobeln. Als ich damit fertig bin, blicke ich auf, ohne den Sinn von Luises Worten zu verstehen, schaue sie an, und in diesem Moment habe ich das Gefühl, sie zum allerersten Mal in meinem Leben zu sehen, das Gegenteil eines Déjà-vu. Luise spricht weiter, schaut mich inzwischen etwas verwundert an, und ich denke: Das ist Luise. Das ist deine Freundin. Luise, die du schon tausendmal gesehen hast, mit der du schon hundertmal gefrühstückt hast. Das ist sie. Hier sitzt sie. Luise. Was für ein merkwürdiger Name.

«Ist irgendwas?», fragt sie. «Du siehst aus, als hättest du gerade eine Geistererscheinung gehabt.»

«Ich hatte gerade das Gefühl, dich zum ersten Mal zu sehen. «

«Und, wie war es?»

«Wunderschön. Ich wünschte, ich könnte den Augenblick festhalten. Es war, als hätte ich die tiefe Wahrheit, die ganze Realität deiner Existenz gespürt, sogar gesehen.»

«Mit anderen Worten, du hast mir nicht zugehört.»

«Das ist richtig.»

«Macht nichts. Dafür verkünde ich jetzt mit der ganzen Realität meiner wahren Existenz, dass dieses Frühstück beendet ist und wir endlich gemeinsam die Wohnung putzen: Ich nehme mir die Küche vor, du bist mit dem Badezimmer dran.»

Wie gesagt: Ich wünschte, ich hätte den Augenblick festhalten können.

Wer soll das bezahlen? *Geld oder Liebe*

Für die einen ist es Liebe, für die anderen das teuerste Hobby der Welt. Denken wir also mal über Geld nach. Falls welches da ist. Falls nicht, müssen wir erst recht darüber nachdenken. Die Ausgaben müssen irgendwie verteilt werden. Wie finanziert man eigentlich eine Beziehung? Es folgt eine Übersicht über die gängigen Modelle.

Beide haben kein Geld *Die Ausgangslage:* Alles Geld fließt ohne Umwege aufs Vermieterkonto oder wird für andere unbedingt lebensnotwendige Dinge aufgewendet (Alufelgen, Klamotten, Katzenstreu, was auch immer).

Vorteil: Es gibt keinen Ärger darüber, wer was bezahlt. Außerdem weiß man Geld noch zu schätzen und spürt nicht ständig den Druck, es irgendwo Gewinn bringend anzulegen, um nicht als völliger Idiot dazustehen. Man kann getrost auf die fetten Bonzen schimpfen und Kommunist oder Künstler werden. Außerdem kann man davon träumen, wie sorglos man sein wird, wenn man eines Tages genug Geld haben wird. Das schweißt zusammen.

Nachteil: Anfälle von Sozialneid und häufiger Streit darüber, was wirklich lebensnotwendig ist. (Alufelgen? Klamotten? Katzenstreu?)

Ist das gerecht? Rein gesellschaftspolitisch gesehen nicht. Partnerschaftlich gesehen schon. Aber es ist die Gerechtigkeit des Mangels.

Die Zukunft: Das kommt auf die Disposition an. Wenn der Geldmangel einem am Ego nagt, wird man sich möglicherweise eines Tages der nächsten dahergelaufenen Unternehmensberaterin an den Hals werfen oder mit einem Softwaredesigner durchbrennen. In den meisten Fällen aber freut man sich zusammen, wenn bessere Zeiten anbrechen. Obwohl damit die Probleme erst anfangen.

Er hat mehr Geld als sie *Die Ausgangslage:* die traditionelle Nummer. Der Alte schafft die Kohle ran, während die Dame des Hauses ihrem Beruf nur deshalb noch nachgeht, weil sie nicht den ganzen Tag dort, zu Hause, sitzen will. Beide pflegen in der knapp bemessenen gemeinsamen Freizeit ein ausschweifend repräsentatives Sozialleben.

Vorteil: für Anhänger der klassischen Rollenverteilung ideal.

Nachteil: Er verbringt viel Zeit mit seinem Steuerberater. Sie verbringt viel Zeit mit dem Haushaltsgeld. Er kriegt einen Herzinfarkt oder eine Sinn-krise, sie sucht sich einen gut gebauten Studenten mit romantisch wenig Geld, der obendrein seine ab-gelegten Klamotten aufträgt (sind so gut wie neu).

Ist das gerecht? Wenn man so will. Ein gemeinsa-mes Konto kann man leer räumen, aber auch sper-ren.

Die Zukunft: Ehevertrag. Oder eine verspätete Rebellion gegen die patriarchalischen Strukturen in der eigenen Beziehung.

Sie hat mehr Geld als er *Die Ausgangslage:* meist zielgerichteter als das vorige Modell. Sie finanziert ihn, damit er sein Studium beenden, sein Drehbuch schreiben oder sich selbst finden kann.

Vorteil: Er kann sich damit brüsten, ein rares Ex-emplar des neuen Mannes zu sein. Sie kann sich da-mit brüsten, eines dieser Exemplare zu Hause zu haben und sich in Gesellschaft den Satz «Den Haus-halt macht mein Freund» auf der Zunge zergehen lassen.

Nachteil: Macht er den Haushalt wirklich? Und wird dieses Drehbuch je über das Wort «Aufblen-de» hinauskommen? Hat er nicht eigentlich ganz schön zugelegt in letzter Zeit?

Ist das gerecht? Wenn man so will. Ungerecht ist allerdings im Vergleich zum vorigen Modell, dass man, wenn der Mann mehr Geld hat, von der Frau sagt: «Die ist ganz schön konservativ.» Und wenn die Frau mehr Geld hat, sagt man vom Mann: «Der lässt's sich mal so richtig gut gehen, der alte Filou.»

Die Zukunft: Drehbuch fertig, Hollywood, und dann ist Payback Time. Oder er verliebt sich in eine sensible Jungschauspielerin. Vielleicht aber auch Taxischule mit Ende dreißig. Doch je älter man wird, desto schwerer fällt es, sich Querstraßen und Zielanfahrten zu merken.

Beide haben zusammen genug Geld, müssen sich die Ausgaben aber irgendwie teilen *Die Ausgangslage:* Es reicht schon, aber wie dröselt man das jetzt auf? Entweder, jeder bezahlt, was gerade anfällt, und beide finden sich damit ab, dass eine Beziehung kein hochattraktiver Investmentfonds ist, sondern ein Fass ohne Boden. Hauptsache, am Ende des Geldes ist nicht mehr allzu viel vom Monat übrig. Oder man eröffnet ein gemeinsames Konto, jeder zahlt denselben Prozentsatz seines Gehaltes ein, sodass alle gemeinsamen Rechnungen beglichen werden können, von der Miete über den Urlaub und das Auto bis hin zum Einkauf mit EC-Karte im Supermarkt, und mit dem Rest des eigenen Geldes macht jeder, was er will.

Vorteil: Es gibt nur selten Streit um Geld.

Nachteil: Also muss man sich um irgendwas anderes streiten. Denn wir neigen dazu, uns nicht allzu lange damit abzufinden, dass es uns eigentlich gut geht.

Ist das gerecht? Wenn man so will. Männer essen meist mehr als ihre Freundinnen und kaufen daher oft unvernünftig ein. Ärgerlich, wenn man seine Völlerei mitfinanzieren muss. Allerdings kann die andere Seite dies durch den exzessiven Erwerb von Toilettenartikeln oder Einrichtungsgegenständen ausgleichen.

Die Zukunft: Am Geld sollte es jedenfalls nicht scheitern.

Beide schwimmen in Geld *Die Ausgangslage:* zwei tolle Karrieren, im Hintergrund gern noch Ererbtes, kennen gelernt im Golfclub, zum Shoppen nach Mailand, in der Freizeit gemeinsame Portfoliopflege.

Vorteil: Fernsehen macht plötzlich Spaß, weil man sich in SAT.1-Filmen wieder erkennt, die aussehen wie die eigene Wohnung. Außerdem hat man die Möglichkeit, mit einem gelangweilten Lächeln die gesamte Auflage dieses Buches aufkaufen zu können, falls einem missfällt, was hier als unumstößliche Tatsache nur zur Erinnerung noch einmal festgehalten wird, nämlich dass …

Nachteil: … Geld den Charakter verdirbt. Sofern es noch was zu verderben gab.

Ist das gerecht? Strafe muss sein.

Die Zukunft: Im Falle einer angekündigten Eheschließung könnte das Kartellamt hellhörig werden.

Eigentlich ist genug Geld da, aber einer von beiden ist furchtbar geizig *Die Ausgangslage:* Man hat sich auf die eine oder andere Verfahrensweise in finanziellen Dingen geeinigt, aber einer der Vertragspartner stellt sich jedes Mal quer, wenn eine größere Anschaffung oder eine kleine Verschwendung geplant ist.

Vorteil: Geiz soll in einigen Landstrichen ein hohes Ansehen als vornehmste menschliche Tugend genießen. In anderen Landstrichen genießt massiver Geiz ein gewisses Ansehen als Trennungsgrund.

Nachteil: Unlust auf Konsum spricht für eine allgemeine Lustfeindlichkeit. Umgekehrt ist Lust auf Konsum oft eine sublimierte Lust auf etwas ganz anderes. Möglicherweise wird der ausgegeizte Teil sich andere Kanäle suchen, um diese Lust auszuleben (und vermutlich nicht in den eigenen vier Wänden).

Die Zukunft: frohlockende Erben.

Egal, in welche Kategorie die Beziehung fällt – über nichts streiten Paare laut Umfragen so häufig wie über Geld.

Nüchtern betrachtet ist Geld schlicht ein Mittel, um den reibungslosen Ablauf unseres Alltags zu gewährleisten und diesem Alltag hin und wieder ein kleines Glanzlicht aufzusetzen (Essen gehen, sich spontan den Wunsch nach einem untragbar schönen Paar Schuhe erfüllen, verreisen, ohne bei Freunden oder Verwandten übernachten zu müssen).

Im schlimmsten Fall aber ist Geld ein Terrorinstrument, eine gesellschaftliche Übereinkunft, die dazu dient, völlig willkürliche Unterschiede zwischen den Menschen zu machen.

Komischerweise neigen immer gerade die Leute dazu, die Bedeutung von Geld völlig zu überschätzen, die sowieso genug davon haben. Von dieser Verirrung der Geldgläubigen dürfen wir uns nicht verrückt machen lassen. Natürlich muss man hin und wieder über Geld nachdenken. Aber über Geld zu streiten ist trostlos. Es gibt nämlich Menschen, die ihren Partner unglücklich machen, indem sie auf gemeinsame Rechnung irgendwelchen Mist anschaffen, nur weil Leute, die sich diesen Mist leisten können, dem Rest der Welt einreden, jeder müsste ihn haben. Oder Menschen, die ihren Partner unglücklich machen, indem sie verhindern, dass er irgendwelchen Mist anschafft, den beide sich eigentlich nicht leisten können, der ihn in diesem Augenblick aber wahnsinnig glücklich machen würde. Aber: Wir können unsere Beziehung auch als revolutionäre Einheit verstehen und nutzen, indem wir uns dem allmächtigen Terror des Geldes entziehen. Geld will, dass wir uns darüber streiten, denn wenn wir uns über Geld streiten, hat es noch mehr Macht über uns, als es sowieso schon hat. Nieder mit dem Geld. Hört auf, über Geld zu streiten.

Sprach der Autor und sortierte mit zittrigen Fingern seine Kontoauszüge. Ja, sehr witzig.

«Du bist noch arroganter und weltfremder, als ich

dachte», sagt Luise, und sie sagt es nicht freundlich. Kein Wunder. Ich habe ihren wunden Punkt berührt. Luise rechnet noch nach zwei Jahren jeden Einkauf, jeden Kinobesuch, jedes Eis am Stiel mit mir ab, und zwar möglichst sofort.

«Du verstehst einfach nicht, dass Männer und Frauen ein unterschiedliches Verhältnis zum Geld haben. Für mich jedenfalls ist Geld nicht nur ein Zahlungsmittel, sondern ein Symbol für die Unabhängigkeit, die ich mir selber verdient und erarbeitet habe. Außerdem ist es doch schön, alles immer zusammen zu bezahlen. Und nicht mal du, mal ich. Dann wäre ja alles egal, und wir könnten uns gar nicht mehr zum Essen einladen.»

«Ist das eine Einladung?»

«Nein. Du zahlst, denn du hast ja sowieso kein Verhältnis zum Geld.»

Solo für
Spülbürste *Stressfaktor Hausarbeit*

Machen wir uns nichts vor: Frauen putzen, waschen und saugen fast nie, und wenn, dann nur unwillig und insgesamt mehr schlecht als recht, immer nur so husch, husch, schnell und oberflächlich. Sodass die ganze Arbeit nach all diesen Jahren doch immer wieder an uns Männern hängen bleibt. Wir entfernen den Staub aus den letzten Ritzen, verbringen Stunden mit Wischen und Waschen, pflegen sämtliche Polster und widmen uns mit viel Hingabe den Fenstern. Und die Frauen stehen daneben und sagen: Ist doch sowieso egal. Ist ja nur ein blödes Auto. Und wieso bitte müssen Kotflügel sauber sein? Kotflügel! Das Wort sagt doch alles.

Zugegeben: Wenn es um den zweitwichtigsten Lebensraum geht, und zwar die gemeinsame Wohnung, sieht das Bild etwas anders aus. Eine «Brigitte»-Umfrage unter jungen Paaren ergab: In den allermeisten Fällen erledigen die Frauen, was im Haushalt so anfällt – putzen, waschen, kochen, einkaufen, Geschirr spülen –, die ganze Palette an Zeit raubenden, stupiden und ihrer Natur nach vergeblichen Aktivitäten. Vergeblich, weil man binnen weniger Tage wieder von vorne anfangen muss. Dieselbe Untersuchung ergab zwar, dass über 80 Prozent aller Männer der Meinung sind, die Hausarbeit gehöre gerecht geteilt. Die objektiv betrachtet mangelhafte Umsetzung dieses Anspruchs aber legt nahe, dass hier ein grundsätzliches Missverständnis vorliegt. Männer, wir müssen jetzt ganz tapfer sein, denn: Arbeitsteilung bedeutet nicht, dass der eine den Dreck macht, und der andere macht sauber.

Wie bringt man jemanden, der höchstens hin und wieder mal abtrocknet, dazu, die Hälfte der Hausarbeit zu übernehmen? Wie kann man jemand umdrehen, der sich vor den in der Spüllauge dümpelnden Essensresten ekelt? Der vorsätzlich schwarze Seidentops in der weißen 95-Grad-Wäsche mitkocht, der anfängt zu greinen, wenn er ein Hemd bügeln soll, der mit einem schmutzigen Lappen zweimal durch den Dreck auf dem Küchenboden wischt und dann unbedarft verkündet: «So, sauber.»

Mit Vernunft ist das Problem nicht zu lösen. Stattdessen ist hier strategisches Denken gefordert.

«Mensch, macht das Spaß!»: die Tom-Sawyer-Strategie Wir erinnern uns: 1978, die einschlägige «Europa»-Schallplatte. Tom Sawyer muss einen Gartenzaun streichen, wozu er absolut keine Lust hat. Also tut er so, als wäre diese stumpfsinnige Aufgabe der größte Spaß aller Zeiten. Mit dem Resultat, dass alle, die vorbeikommen, unbedingt auch mal streichen wollen. Also: «Abwaschen, herrlich, das ist ja so entspannend, die Hände im warmen Wasser, den Kopf frei für die wichtigen Dinge. Ich fang gleich an zu singen vor Freude.» Oder: «Mensch, ich geh mal das Klo schrubben, das ist so Zen-mäßig, wenn das Weiß der Schüssel wieder Weiß ist, nur ich und das Weiße, weißt du.»

Risiko: Er sagt gönnerhaft: «Schön, wenn du deinen Spaß hast.» Und meint am Ende sogar noch, was gut zu haben, weil er einem diesen Spaß nicht durch seine Beteiligung verdirbt.

Erfolgsaussichten: gering.

«Ach komm, bleib sitzen»: die Mutter-Beimer-Strategie Erfordert die Entschlossenheit, sich so richtig zum Muttchen zu machen. Er darf keinen Handschlag mehr tun, weil sie alles mit märtyrerhafter Leidensmiene selber erledigt. Unterstützend können Hauskittel oder Kopftuch hinzugezogen werden. Besonders gut: hin und wieder innehalten, sich auf dem Wischmopp abstützen und abgrundtief seufzen. Beim Putzen Radiosender mit deutschen Schlagern hören. Letzte Stufe: «Klosterfrau Melissengeist» gut sichtbar in der Küche stehen lassen. Wenn alles glatt geht, kann er es nicht mit ansehen und greift selber zur «Domestos»-Flasche.

Risiko: Unzufriedenheit wegen extremer Selbstverleugnung. Zeitgleich wohlige Nostalgiegefühle bei ihm.

Erfolgsaussichten: gering.

«Dann werd ich ... dann werd ich ...»: die UNO-Strategie Darlegen, dass die gegenwärtige Situation wegen eklatanter Ungerechtigkeit dringend veränderungsbedürftig ist. Mit Sanktionen drohen für den Fall, dass diese Veränderung nicht eintritt, also etwa: massives Schmollen, wenn er nicht endlich den Wischlappen zur Hand nimmt. Brutalstmögliche Missbilligung, wenn er sich nicht umgehend des von ihm verursachten Schmutzgeschirrs annimmt. Aggressives Studium der Mietwohnungsbeilage am Wochenende, wenn er nicht endlich lernt, die Waschmaschine sinnvoll zu bestücken.

Risiko: Er findet Dauerschmollen weniger unangenehm als die Handhabung einer Klobürste.

Erfolgsaussichten: äußerst gering, da diese Strategie im Kern an seine Vernunft appelliert.

«Also, wenn's dich nicht stört»: die Studentenwohnheim-Strategie Taktische Rückbesinnung auf die alten Zeiten, als man sich mit fünf Leuten Küche und Klo teilte und vor lauter Rumhängen und Klugscheißen nie zum Saubermachen kam: einfach auch nicht mehr sauber machen. Sich genauso verhalten wie er. Und hoffen, dass er eines Tages zusammenbrechen und in einem Anfall von Putzwut «mal richtig Grund» reinbringen wird.

Risiko: Er fühlt sich wohl.

Erfolgsaussichten: gering.

«Mensch, bist du pingelig»: die verschärfte Studentenwohnheim-Strategie Vom Ansatz her wie die vorige, erfordert allerdings deutlich mehr Aufwand, da man nun noch mehr Dreck macht als er und sich in allen Hygiene-Fragen betont lässig gibt: «Ach, komm, stell dich nicht so an, der Teller ist erst zweimal benutzt, und die Pizza war letzten Freitag auch noch völlig in Ordnung.»

Risiko: Er schwärmt vom «zweiten Frühling» in der Beziehung und gesteht, er habe sich jetzt nochmal «so richtig aufs Neue» in einen verliebt.

Erfolgsaussichten: Noch geringer.

«Was sind denn das für kleine Tierchen?»: die Kammerjäger-Strategie Einzuleiten in der heißen Phase der beiden vorhergehenden. Diese Strategie appelliert an einen merkwürdigen Grundwiderspruch im putzunfähigen Mann: Einerseits ist er zu faul zum Saubermachen und praktisch blind für Dreck, andererseits ekelt er sich vor Krankheitserregern und Ungeziefer. Also: unabhängig vom tatsächlichen Auftreten von Silberfischchen, Müslimotten, Ameisen und Küchenschaben diese herbeiphantasieren und gleichzeitig abwiegeln: «Das Bad wimmelt von den Viechern, aber stimmt, ich seh die auch schon gar nicht mehr.» – «Die Nudeln können nicht komisch schmecken, schließlich sind die kleinen Biester spätestens im kochenden Wasser draufgegangen.» Wenn alles glatt geht, stellt er einen Kausalzusammenhang zwischen dem vermeintlichen Ungeziefer und den hygienischen Missständen in der Wohnung her und wird endlich aktiv.

Risiko: Er setzt voller Panik einen ganzen Cocktail chemischer Kampfstoffe ein und macht die Wohnung für längere Zeit unbewohnbar. Doch ist dieses Risiko zu vernachlässigen, da die Wohnung vermutlich bereits vorher unbewohnbar war.

Erfolgsaussichten: etwas weniger gering.

«Mensch, so geht das also!»: die Super-Ego-Strategie Dies zielt auf den Ehrgeiz des Meister Anti-Proper: sich bei allen Tätigkeiten im häuslichen Bereich so blöd anstellen, dass er es nicht länger aushält. Dann sagen: «Ich glaube kaum, dass du das besser hinkriegst.» Und ihm den in der Handhabung tatsächlich relativ komplizierten «Vileda»-Wischmopp in die Hand drücken.

Risiko: 1.: Er möchte von nun an eine eher anleitende Funktion übernehmen. 2.: Er kann's erst recht nicht besser.

Erfolgsaussichten: ziemlich gering.

«Das kannst du nicht»: Die High-Tech-Strategie Der umgekehrte Ansatz: Eine Batterie kostspieliger High-End-Reinigungs-Geräte anschaffen und ihm von vornherein unmissverständlich klar machen, dass er die Finger davon zu lassen hat, weil er für deren sachgemäße Handhabung zu dämlich ist. Also: planvolle Verletzung seines Selbstwertgefühls. Im Idealfall wird er dieses wieder herstellen, indem er regelmäßig demonstriert, dass er eben doch nicht zu dämlich ist, um Staubsauger mit Wasserfilter und die Waschmaschine mit den 48 Bedienungselementen zu benutzen.

Risiko: erfordert eine beträchtliche Investition, die sich möglicherweise nicht amortisiert, weil er tatsächlich zu dämlich ist. Und man selber auch.

Erfolgsaussichten: gering.

Manche Leute leisten sich angesichts der insgesamt geringen Erfolgsaussichten aller Umerziehungsstrategien eine so genannte Putzhilfe. Da die Putzhilfe auch nicht alles machen kann, besteht die Gefahr, dass die übrigen Arbeiten doch in toto an einem selbst hängen bleiben, da er nun einwenden wird: «Wie? Ich soll die Borde abstauben? Wir haben doch eine Putzhilfe.»

Wieder andere Leute leisten sich daher eine Putzhilfe *und* eine Haushälterin, aber diese Leute haben dafür ganz andere Probleme (Vermögenssteuer, lange Lieferzeiten bei der neuen S-Klasse, immer mehr Pöbel auf «der Insel»).

Im Ernst hilft wohl nur eins: Streit. Zermürbender Streit um jeden ungemachten Abwasch, jede liegen gebliebene Dreckwäsche, jede unausgespülte Badewanne. Dem kann man nur aus dem Weg gehen, wenn man sich von Anfang an mit jemand zusammentut, der in etwa die gleichen Sauberkeitsstandards und das gleiche Putzinteresse hat wie man selbst. Ich empfinde es als das größte Glück meiner relativ harmonischen Beziehung, dass Luise und ich etwa gleich unordentlich und gleich putzfaul sind. Ein possierliches Rudel Wollmäuse teilt unser Glück. Unangemeldeter Besuch allerdings reagiert mitunter verwundert bis verstört.

Im Preis inbegriffen *Sein bester Freund, ihre beste Freundin*

Es gibt wohl kaum einen Menschen auf der Welt, der so viel über mich weiß wie Luise. Niemand, der meine Schwächen so gut kennt, niemand, der einen so tiefen Einblick in meine Seele hat, meine schlecht ausgeleuchteten und meine ganz dunklen Seiten kennt. Niemand, außer natürlich Simone.

Simone ist groß und schweigsam, brünett mit durchdringenden Augen, schön auf eine Art und Weise, die Männer entweder zu Dackeln macht, die ihr wedelnd und kläffend die Beine hochspringen, oder sie verstummen und schließlich das Weite suchen lässt. Simone wohnt in Köln und ist Luises beste Freundin. Die beiden kennen sich seit dem Gymnasium, ich habe Simone allerdings erst zwei- oder dreimal gesehen. Bevor Luise und ich zusammenzogen, war Simse, wie Luise sie nennt, für mich nur das Besetztzeichen, wenn ich abends stundenlang versuchte, meine Freundin anzurufen, nur, um dann von einer ebenso aufgekratzten wie erschöpften Luise mitgeteilt zu bekommen: «Du, ich kann jetzt einfach nicht mehr telefonieren, mir tut das Ohr weh, weil ich so lange mit Simone gequatscht habe.»

Seit wir zusammenwohnen, erkenne ich Simones Anrufe daran, dass Luise, die das Telefon sonst nur zur Übermittlung unbedingt notwendiger Informationen verwendet («Ja», «Nein», «Es bleibt dabei», «Ohne Schinken, hören Sie, ohne Schinken, also ohne, wie hier steht, geformte Vorderschinkenteile»), mit dem Apparat in ihrem Zimmer verschwindet, egal, was wir gerade tun. Ich sitze in der Küche, und Luise lacht nebenan. Sie lacht, wie sie mit mir niemals lacht. Lauter, selbstvergessener. Explosionsartig.

«Was war denn so komisch?», frage ich später und komme mir blöd vor, wie jemand, der auf einer ausgelassenen Party ständig an den Rand gedrängt wird und sich jede Pointe von widerwilligen Scherzbolden wiederholen lassen muss.

«Das verstehst du nicht», sagt Luise.

Womit wir das Thema auf den Punkt gebracht hätten: Ich bin ausgeschlossen von dem, was Luise und ihre beste Freundin verbindet. An sich kein Problem für mich. Ich muss ja nicht immer mitspielen. Leider ist die ganze Angelegenheit extrem ungerecht: Ich bin außen vor, aber Simone kennt die intimsten Details aus meinem Leben. Und wahrscheinlich hält sie mich für einen ziemlichen Idioten, einen Spießer oder einen lahmen Sack. Jedenfalls guckt sie immer so kritisch, wenn sie mich sieht. Natürlich hat sie ein völlig verzerrtes Bild von mir, weil Luise ihr wahrscheinlich vor allem von mir erzählt, wenn sie sich über mich ärgert und sich mal so richtig auskotzen möchte. Es ist eine einfache Rechnung: Wenn sie Simone auch nur halb so viel erzählt, wie ich Robert erzähle, dann weiß Simone praktisch alles über mich.

Gut, vielleicht ist die ganze Sache doch komplizierter. Erst mal ist es natürlich keineswegs so, dass Männer sich gegenseitig nichts über ihre Gefühle und ihre Beziehungen erzählen und sich nur in Halbsätzen wie «Noch 'ne Runde?», «Und sonst?» oder «Ich kann dir sagen» unterhalten. Aber das Besondere an der Männerfreundschaft ist, dass sie sehr schwer herzustellen ist und nur in den seltensten Fällen gelingt.

Ich kann mich noch gut erinnern, wie es war, als Martin und ich Freunde wurden. Als ich Martin zum ersten Mal sah, war er gerade dabei, einen anderen Partygast niederzubrüllen. Er war laut und unverschämt, streitsüchtig und reaktionär, und als ich ihn so beobachtete, untersetzt, wenig Haare, rotes Gesicht, da wusste ich: Wir müssen Freunde werden. Es geht gar nicht anders. Ich weiß nicht, was mich so unwiderstehlich anzog. Aber ich glaube, dass man einen Freund auf den ersten Blick erkennt. Es ist, als sähe man mit diesem ersten Blick ganz durch den anderen hindurch, durch seine Posen, mit denen Männer einander und dem Rest der Welt verzweifelt ihren Status signalisieren. Dann gerät man plötzlich in Panik, denn einen guten Freund findet man nur selten. Darum will man jetzt bloß nichts falsch machen.

Wie aber macht man es richtig? Wie werden Männer Freunde? Geht das überhaupt? Können Männer Freundschaft schließen? Oder nur jenen berüchtigten, raubeinig-verklemmten Pakt namens Männerfreundschaft?

Männer gehen durch vier oder fünf Phasen, wenn sie versuchen, Freunde zu werden: Verliebtheit, Verlegenheit, Saufen, Angst und Vertrautheit. Ich hatte mich zwar an jenem Abend noch ganz gut mit Martin angebrüllt, und weil er mit meiner damaligen Freundin zur Schule gegangen war, gab es immerhin einen Anknüpfungspunkt. Was aber sollte ich jetzt tun? Ihn einfach anrufen und sagen: «Hey, wir haben uns neulich so gut unterhalten, lass uns doch mal zusammen ins Kino gehen.» Oder: «Komm, lass uns spazieren gehen, die Sonne scheint so schön.» Vielleicht ist dies die Bankrotterklärung eines ganzen Geschlechts, aber ich wage zu behaupten, dass das einfach nicht geht.

Früher war natürlich alles viel einfacher. Robert musste ich nur ein paar Mal am Schulranzen herumschleudern, mich dann von ihm verkloppen lassen, und von da an konnten wir in tiefstem Einvernehmen gemeinsam Klappräder frisieren und auf Dachböden kokeln. Diese Art der Freundschaftsanbahnung entfällt, wenn wir aufhören, Schulranzen zu tragen, und von da an ist es sagenhaft schwierig, einem anderen Mann Zuneigung zu signalisieren. Oft habe ich mir gewünscht, es wäre so einfach wie in russischen Romanen des 19. Jahrhunderts, wo die Männer sich nach kürzester Zeit so unerhörte Dinge sagen wie: «Ich liebe Sie, Sergej Iwanowitsch, und ich wünsche mir, dass wir Freunde werden für immer.» – «Sie schauen direkt in mein Herz, Gevatter, darauf einen zehnfachen Wodka!»

In Wirklichkeit aber muss sich alles ergeben, und zwar so, dass der andere auf keinen Fall zu viel Interesse wittert. Es gibt kein Modell dafür, wie man das am besten anstellt. In unserer Kultur läuft Männerfreundschaft nach immer demselben Schema ab. Fast jeder Western oder Actionfilm handelt im Grunde von zweien, die sich anfangs nicht ausstehen können und die erst unzählige Benzintankexplosionen und Faustkämpfe später einsehen, dass sie eigentlich doch gute Kumpels sind – möglichst, nachdem sie sich wechselseitig das Leben gerettet haben. Gern nehmen Männerfreundschaften im Kino ein tödliches Ende: Der eine stirbt in den Armen des anderen, denn das ist die einzige Gelegenheit, bei der es vertretbar ist, dass Männer einander so was wie Gefühle zeigen: «Verdammt, ich …» – «Du kommst durch, Mann!» – «Arrrglll.»

Im Aufkeimen ihrer Freundschaft setzen Männer sich nicht einfach so hin und reden miteinander.

Männer müssen immer irgendwas gemeinsam machen, sonst werden sie plötzlich schrecklich verlegen. Und es ist eine Sache, einer Frau gegenüber verlegen zu sein, rot zu werden und zu stammeln. Eine ganz andere Sache aber ist es, wenn zwei Männer sich mögen und miteinander plötzlich schrecklich verlegen werden. Um sich das Gefühl überwältigender Verletzlichkeit und Machtlosigkeit zu ersparen, haben Männer allerhand Tarnformen der Freundschaft entwickelt. Früher waren das der Stammtisch, die Skatrunde, der Taubenzüchterverein, womöglich sogar der Ortsverband einer Partei. Heute ist es die Happy Hour nach Büroschluss, das sorgfältig improvisierte Fußballspiel am Wochenende, Squash oder Tennis, das Fitnessstudio oder seit einiger Zeit auch gepflegtes, fachmännisches gemeinsames Kochen. All das dient nur dazu, dem Zusammensein einen Rahmen zu geben, der jede Verlegenheit im Keim erstickt. Es ist erstaunlich, dass Männer dabei fast immer in einen sportlichen Wettbewerb treten oder sich sonst wie miteinander messen müssen.

In der Verlegenheitsphase der männlichen Freundschaft ist es am schwierigsten, genau diesen Wettbewerb zu vermeiden, den ständigen Penisvergleich auf allen Ebenen. Wie sollte ich Martin signalisieren, dass ich kein Angeber bin, und wie, dass auch er mir nicht imponieren musste? Uns stehen ja nur ganz begrenzte Ausdrucksformen zur Verfügung: Alles muss im Ironischen, Witzigen, Neckenden gelassen werden, in jeder Offenbarung eines echten Gefühls muss der

Notausgang gleich mit eingebaut sein. Wir sind Gefangene des lächerlichen Paradoxons, Weichheit und Zuneigung durch Sarkasmus und Ruppigkeit ausdrücken zu müssen.

Weil wir noch mitten in der Verlegenheitsphase sind, tun wir alles, um den anderen nicht verlegen zu machen. Wir gehen zusammen joggen, weil wir beide mehr Bewegung brauchen und schlecht in Form sind. Wir beginnen ächzend und nach Luft schnappend ein wahnsinnig kompliziertes Ballett: dem anderen nicht zeigen, dass wir am Ende unserer Kräfte sind, damit er nicht denkt, er müsse Rücksicht nehmen auf uns; zugleich Rücksicht auf den anderen nehmen, ohne dass dieser es merkt, denn er ist offenbar noch schlechter in Form und bemüht sich noch krampfhafter, das vor uns zu verbergen.

Im besten Fall brechen die beiden neuen Freunde an dieser Stelle keuchend zusammen und lachen darüber, dass sie sich schon jetzt keine Schwäche zeigen und keine zugestehen können. Im schlechtesten Fall wird dieser gemeinsame Waldlauf das Muster ihrer weiteren Freundschaft.

Am besten, man beendet diese Phase möglichst schnell, indem man ohne große Umstände die nächste einläutet: Saufen. Es ist viel einfacher, mit dem Blick ins Bierglas von den größeren und wichtigeren Dingen anzufangen. Es bedarf nicht einmal eines Schwipses, das Ritual des Zuprostens und der erste Schluck reichen schon, um die meisten Männer in eine redselig aufgeräumte Bekenntnisstimmung zu versetzen.

Inzwischen ist Martin natürlich längst mein Freund. Anderen Männern würde ich sogar sagen, er ist «ein Kumpel von mir». Aber ich schwanke hin und her zwischen Vertrautheit und Angst. Nicht ohne Grund ist «Casablanca» zu Ende, nachdem Humphrey Bogart mit entwaffnender Offenheit zu Claude Reins gesagt hat: «Ich glaube, dies ist der Beginn einer wunderbaren Freundschaft.» Ja, der Beginn! Aber wie geht sie weiter? Jede noch so «wunderbare Freundschaft» zwischen zwei Männern droht ins Tragische abzukippen, sobald man den anderen einmal wirklich braucht, und dann feststellt, dass hinter den ruppigen Scherzen und den sarkastischen Floskeln keine Vertrautheit ist, sondern nur gähnende Sprachlosigkeit.

Frauen finden es oft verstörend, welch merkwürdige Gestalten ihr Freund als seine Freunde oder Kumpels bezeichnet: randalierende Alleinunterhalter mit einem Hang zur Dauerzote, ungewaschene Sportsfreunde, die nie das Maul aufkriegen, verschlagene Zockertypen, nach deren Besuch man die CD-Sammlung durchzählt. Aber mit jedem dieser Typen ist uns das gelungen, was für uns am schwierigsten ist: Wir sind Freunde geworden. Und weil uns das so selten gelingt, halten wir an ihnen fest, egal, wie unmöglich sie sich aufführen.

Luises Freundin Simone dagegen ist wie eine graue Eminenz, jemand, den ich nie zu sehen und nie zu fassen kriege und der trotzdem bestens über alles informiert ist, was sich bei mir zu Hause abspielt.

Meine feste Überzeugung ist, dass es nicht sein kann, dass ich mit jemand nicht zurechtkomme, der Luise so sehr am Herzen liegt. Gut, es gibt Luises Männerfreunde, von denen einige sehr okay sind, bei anderen dagegen klinke ich mich lieber gleich aus. Sie schauen mich immer so herausfordernd an, nach dem Motto: «Nicht zu fassen, dass du Luise abgekriegt hast. Zeig doch mal, was wirklich an dir dran ist. Komm, mach mal was richtig Cooles. Sag mal was Witziges.» Aber ihre beste Freundin? Vielleicht glaube ich insgeheim, dass man das Herz einer Frau auf Dauer nur gewinnen kann, wenn man bei ihrer besten Freundin einen Stein im Brett hat. Dummerweise fühle mich bei Simone immer, als hätte ich dieses Brett vorm Kopf.

Simone kommt also, und es ist wie immer. Solange wir zu dritt sind, kreischen die beiden durcheinander, erzählen ohne Punkt und Komma auf beiden Kanälen zugleich, oder sie reden in merkwürdigen Andeutungen und selbst gemachten Slangausdrücken, die auf irgendwelche Anekdoten zurückgehen, die mir total unbekannt sind. Ich sitze dabei und lächle wie ein guter Onkel. Wenn Simone und ich alleine sind, wird die Stille nach kürzester Zeit zum Auslöffeln dick. Möglicherweise könnten wir unter anderen Umständen Freunde sein, aber so ist klar, dass es für uns keine Ebene gibt, die auch nur annähernd der vergleichbar wäre, auf der sie und «Lulu» sich bewegen.

«Heute Abend ziehen wir mal richtig entschlossen los», sagt Luise und verschwindet im Bad, um sich fertig zu machen.

«Gute Idee», sage ich lahm.

«Simse und ich», ruft Luise fröhlich durch die Klotür, «du hast Hausarrest.»

«Noch bessere Idee», sage ich und lächle Simone zu, die schweigend mit mir am Küchentisch sitzt. Simone lächelt zurück, und zum ersten Mal verstehen wir uns richtig gut. Für einen kurzen Augenblick.

Als Simone weg ist, sagt Luise zu mir: «Simse hat übrigens gesagt, dass sie dich ja eigentlich total nett findet.»

Ich kann mir nicht helfen, aber mir geht plötzlich das Herz für Simone auf.

«Was grinst du so debil?», fragt Luise. «Bild dir darauf bloß nichts ein. Sie kann ja schlecht sagen, dass sie dich für eine feuchte Wollsocke in Menschengestalt hält.»

Fernwärme *Eine Liebesgeschichte in Abschieden*

Eigentlich geht eine Liebesgeschichte so: Zwei Menschen treffen sich. Sie verlieben sich, und dann beschließen sie, zusammenzubleiben, solange alles gut geht.

Aber Simones derzeitige Liebesgeschichte, über die Luise mich seit längerem auf dem Laufenden hält, geht anders. Zwei Menschen treffen sich. Sie verlieben sich, müssen Abschied nehmen, sehen sich wieder, müssen Abschied nehmen, sehen sich wieder, müssen Abschied nehmen ... und so weiter. Aber sie beschließen trotzdem, zusammenzubleiben.

Doch was heißt schon zusammenbleiben. Simone und Brian sehen sich nur alle paar Monate, und dann selten länger als zwei oder drei Wochen. Brian vermisst sie in New York, sie sehnt sich nach ihm in Köln. Vor drei Jahren lernten sich die beiden kennen. Simones Urlaub war vorbei, sie stand am Busbahnhof in New York und wartete auf den Airport-Shuttle, als sie merkte, dass sie ihre Brieftasche vergessen hatte. Sie rief im Hotel an, der Portier versprach, nachsehen zu lassen und ihr einen Fahrrad-kurier zu schicken. Eine halbe Stunde später stand Brian vor ihr: mit Rennrad, abgeschnittenen Hosen und durchgeschwitztem T-Shirt. Und einem mitleidigen Lächeln: Sorry, keine Brieftasche im Hotel. Wahrscheinlich unterwegs in der U-Bahn geklaut. Simone setzte sich auf ihren Koffer und gönnte sich einen mittleren hysterischen Anfall: Rückflug verpasst, kein Hotelzimmer, Geld weg, Pass weg. Brian lehnte sein Rad an einen Feuerhydranten und sagte der Legende nach etwas total Einfühlsames, also vermutlich so was wie: «Meine Schicht ist gerade zu Ende. Ich glaube, du brauchst erst mal einen schönen Kräutertee.»

Aus dem schönen Kräutertee wurde eine wunderschöne Woche und dann das, was man kühl und trocken eine Fernbeziehung nennt. Simones Freunde, darunter wir oder zumindest Luise, sind gespalten: O wie romantisch, sagen die einen und malen sich seitenlange Liebesbriefe, tägliche E-Mails und nächtliche Telefonate aus, dazu Monate voll süßen Sehnens und dann wieder Wochen hoch konzentrierten Glücks. Bist du verrückt?, fragen die anderen, unter ihnen Luise, und sagen: Du lebst in einer Traumwelt. Ihr werdet nie herausfinden, ob ihr wirklich zueinander passt, weil ihr in einem Liebesrausch lebt, der keinen Raum für die Wirklichkeit lässt. Ihr könnt es euch nicht leisten zu streiten.

Hört man Simones Erzählungen, so haben beide Parteien Recht. Schon der erste Abschied nach der geschenkten Woche war eine Mischung aus allem, was eine Fernbeziehung so furchtbar und so furchtbar schön macht.

Man muss sich das so vorstellen: Die beiden stehen am Abflug-Gate und können einander nicht loslassen, zwei erwachsene Menschen, die sich aneinander klammern wie Kinder. Dem letzten Aufruf zum Einsteigen folgt der allerletzte. Simone ist so glücklich wie schon lange nicht mehr, weil sie verliebt ist. Sie ist glücklich, weil es einen Menschen auf der Welt gibt, der sie liebt, dem sie alles bedeutet und der sie jetzt in den Armen hält, jetzt, in diesem Augenblick, der sich, wenn es irgendwie gerecht zuginge, doch eigentlich ausdehnen müsste ins Unendliche.

Und dann muss sie gehen. Dem letzten Kuss folgt der allerletzte. Und dann noch einer. Und dann ist sie allein, Brian steht noch da und winkt und lächelt, zehn Meter entfernt, aber in Wahrheit ist er in der Sekunde, da sie ihn loslässt, schon volle 6000 Kilometer weit weg.

«Chicken or beef?», fragt die Stewardess zweimal, dreimal. Simone schüttelt nur den Kopf. Sie ist schon satt vom Kloß in ihrem Hals. Und den Klapptisch braucht sie, um Brian einen Brief zu schreiben. Und dann noch einen.

Es ist schön, Liebesbriefe zu schreiben und zu bekommen. Pläne zu schmieden.

Pläne sind die Streicheleinheiten der Fernbeziehung: Gleich im ersten Brief rechnet Simone aus, wann sie wieder nach New York kommen kann. Als sie nach Hause kommt, hat sie schon ein Fax von Brian: Er hat mit seiner Chefin gesprochen: zwei Wochen unbezahlter Urlaub. Und darunter steht ganz groß: 42 Tage. Simone überlegt. Sechs Stunden Zeitverschiebung. Das Fax ist ja von gestern! Also nimmt sie ein Blatt kariertes Papier, umrahmt 42 Kästchen und malt eines rot aus. Die Übermacht der 41 weißen Kästchen scheint erdrückend, aber jeden Tag werden es weniger. Sie hängt das Karopapier mit Tesafilm an die Wand neben ihrem Bett, direkt in Augenhöhe, und ruft Luise an, um ihr all dies detailselig zu berichten und ihr vorzuschwärmen, dass es ja jetzt «nur noch 38 Tage» seien. Luise hört sich alles an, aber weil sie müde ist, sagt sie irgendwann gedankenlos: «Ich geh dann mal ins Bett, mein Freund wartet», und das kommt Simone natürlich furchtbar ungerecht vor.

Eine Fernbeziehung ist etwas für Kenner und Liebhaber großer Gefühle – was Simone nach eigenem Bekunden eigentlich nie gewesen ist. Jede Empfindung, jedes Glück und jeder Schmerz ist riesengroß. Köln-Bonn und JFK International Airport sind die Orte, an denen Brian und sie die schönsten und die schrecklichsten Momente ihrer Liebe erleben. Sie liebt den Flughafen, denn gleich wird Brian durch die Milchglas-Schiebetür kommen, alle Angst und aller Schmerz der letzten 42 oder 68 oder 105 Tage fallen ab von ihr, und dann gibt es nur noch Brian und sie und zwei gemeinsame Wochen, von denen Simone in den ersten fünf, sechs Tagen ganz genau weiß, dass sie nie zu Ende gehen werden. Es gibt keine Welt, es gibt kein Leben jenseits dieser zwei Wochen.

Denkt man. Und spürt das Gegenteil spätestens am Tag vor dem nächsten Abschied. Einer von beiden packt seine Koffer. Sie zählen die Stunden, bis es irgendwann nur noch eine ist. Jetzt zeigt der Flughafen ihnen sein anderes Gesicht. Er schenkt ihnen das größte Glück und nimmt es mit einem Lächeln oder einem Achselzucken: «Have a nice trip», sagt die Frau vom Bodenpersonal in New York. «Zugang nur mit Bordkarte», sagt der Sicherheitsbeamte in Köln-Bonn.

Jede Fernbeziehung ist eine Liebesgeschichte in Abschieden. Man sollte meinen, sie würden einfacher mit der Zeit. Aber Simone sagt, sie werden immer schwerer. Sie hat ein halbes Jahr in New York gelebt, genug Zeit, um lange nicht daran zu denken, wieder wegzumüssen. Mit dem Erfolg, dass diese Trennung furchtbarer war als alle zuvor.

Zurzeit ist Brian für vier Monate in Köln, die ersten drei sind verstrichen, bevor Simone und er überhaupt angefangen haben, sich klarzumachen, dass auch diese Zeit zu Ende gehen muss.

Manchmal ruft Simone bei Luise an und ist furchtbar niedergeschlagen und fragt sich, ob sie dafür noch genug Kraft hat. Luise hat inzwischen mehr Verständnis, denn sie mag Brian und erlebt ihre Freundin glücklicher, als sie sich erinnern kann. Außerdem habe ich den Verdacht, dass ihr insgeheim die Vorstellung gefällt, bald mit «meiner Freundin in New York» angeben und bei dieser kostengünstig wohnen zu können.

Viele Fernbeziehungen hangeln sich von einem «Und dann sehen wir weiter» zum nächsten. Egal, ob es die Distanz nach New York oder die zwischen Berlin und Dresden ist. Mit einem entscheidenden Unterschied: Eine Wochenendbeziehung ist auf ihre Art konstant, das nächste Wiedersehen liegt meist nur fünf oder zwölf Tage in der Zukunft.

Meine ehemalige Kollegin Petra lebt seit zehn Jahren auf diese Art und Weise mit ihrem Freund zusammen und auch wieder nicht, und ihr gefällt es so. «Mein Albtraum ist, dass Franz eines Tages sagt: Du, ich habe einen Job in Hamburg, in zwei Monaten geht's los, und am Wochenende fangen wir an, eine Wohnung zu suchen. Das heißt, das ist nicht mein Albtraum. Das ist im Grunde mein größter Wunsch. Mein Albtraum ist, dass wir feststellen: So geht es nicht. Und am Ende während der Woche zusammenwohnen und die Wochenenden getrennt verbringen, um das alte Feeling wieder zu haben.»

Ich glaube, auch Simone ist sich nicht sicher, ob mit einem Schlag alles großartig würde, wenn Brian und sie es jemals schaffen könnten, länger als ein Jahr zusammen an einem Ort zu sein. Jedenfalls schließe ich das aus dem einzigen längeren Telefongespräch, das ich je mit ihr hatte. Heute Morgen.

«Ist Lulu da?», fragte Simone wie immer ein wenig ungeduldig, so, als wäre ich das Vorzimmer meiner Freundin.

«Nein. Die ist doch auf Klassenfahrt im Harz. Was ist denn los?», fragte ich, um ihr einen Gefallen zu tun.

«Stell dir vor, Brian hat ein Doktorandenstipendium für die Uni Bonn bekommen. Drei Jahre!»

«Das ist ja großartig», sagte ich, «das heißt, ihr seid jetzt ein ganz normales Paar.»

«Hmmm», machte Simone nachdenklich. «Ganz normal, du meinst, so wie ihr, Lulu und du?»

«Genau.»

«Toll. Danke. Du hast echt das Talent, selbst an der besten Nachricht aller Zeiten noch das Negative zu finden.»

Wir haben doch
uns *Einsamkeit zu zweit*

Maybrit und Rufus sind ein unheimliches Paar: ein hermetisch abgeschlossenes System, ein Doppelpack, dessen Einzelteile man sich gar nicht mehr vorstellen kann. Aber Luise hat vor Jahren mal mit Maybrit zusammen in einem Café gearbeitet, und damals, schwört Luise, war Maybrit noch ganz normal. Doch dann kam Rufus, und Maybrit änderte ihren Namen in «Maybrit und». Die beiden lernten sich in der Firma kennen, in der sie heute noch zusammenarbeiten. Rufus ist ein großer, überkorrekter Mann mit einer langen blonden Tolle, dem Popper-Ideal von 1983. Rufus macht alles nach Plan. Er bezieht sein Wissen und seine Lebensphilosophie aus «Johnson's Weinführern» und Modezeitschriften für Männer, hört immer genau die CDs, die seine Stereofachzeitschrift empfiehlt, und kauft die Bücher, die im «Literarischen Quartett» besprochen werden, um sie dann auf allerhand teuren Beistelltischchen dekorativ in Position zu bringen.

An diesem Abend hatten uns die beiden wieder zur Weißglut getrieben, indem sie uns in perfekt einstudierter Rollenverteilung das einzig wahre Leben gepriesen hatten, nämlich jenes, das sie in ihrem auf maximale Beeindruckung nachlässiger Durchschnittswohner ausgerichteten 5-Zimmer-Domizil führen.

Rufus: «Ah, herrlich, wenn der Wein so richtig schön geatmet hat. Und ich weiß nicht, wie wir ohne Weinthermometer gelebt haben. Großartig, die perfekte Temperatur für den australischen Barossa. Ohne australische Weine geht sowieso gar nichts mehr. Hört mir auf mit den schwülstigen Kaliforniern und der europäischen Plörre.»

Maybrit: «Passt ihr auf mit den Gläsern? Der Tisch ist frisch gewachst.»

Rufus: «Lack ist so irre tot. Holz lebt ja.»

Maybrit: «Alte Möbel haben einfach viel mehr Seele. Bei Ikea kann man nur noch Bettwäsche kaufen. Und Kerzen.»

Rufus: «Licht ist ganz wichtig. Ich halt's nirgendwo aus, wo lieblos beleuchtet wird.»

Luise und ich (Denkblase): «Arrrglll.»

Auf der Heimfahrt fragten wir uns wie schon oft, was wir mit diesen beiden Schnöseln noch zu schaffen hatten.

«Abstoßen», sagte ich kalt. «Ich bin zu alt, um meine Abende an Menschen zu verschwenden, die davon überzeugt sind, immer alles richtig zu machen.»

«Ja», sagte Luise nachdenklich, «aber wenn auch wir die beiden abstoßen, haben sie niemand mehr. Merkst du nicht, wie einsam die beiden sind?»

Luise hatte natürlich Recht. Maybrit und Rufus sind ein komplizierter Fall. In dem Moment, als die beiden sich gefunden hatten, verfielen sie dem Irrglauben, jetzt auf der Welt nichts anderes mehr zu brauchen als a) ihre großartige Beziehung, b) allerhand erlesene Utensilien, um ihre Zweisamkeit gebührend auszustatten und zu feiern, und c) hin und wieder ein paar Zuschauer, die kurz hereinschauen, um ihre perfekte Welt zu bewundern und sich zu grämen, dass bei ihnen alles weniger großartig und vollkommen ist.

Das Problem ist: Luise und ich sind die Letzten, die in immer größer werdenden Abständen noch bereit sind, sich diesem Zweisamkeits-Overkill auszusetzen. Bei Maybrit und Rufus kommen zwei klassische Kriterien für die Einsamkeit zu zweit zusammen: einmal die fatale Überzeugung, sich selbst genug zu sein. Vermutlich wird ihnen selbst hin und wieder klar, dass sie unter einer gewissen gesellschaftlichen Isolierung leiden, und dann gönnen sie sich ein paar Scheiben Parmaschinken, die so dünn sind, dass man den Corrière della Serra dadurch lesen könnte, machen eine schöne Flasche Wein auf, sehen sich tief in die Augen und sagen sich aufmunternd: «Aber wir haben doch uns.» Zum Zweiten ist Maybrit mit einem klassischen Fall von «Partner des

Schreckens» geschlagen: Bis Rufus auf den Plan trat, war sie eine gern gesehene Zeitgenossin, aber seitdem fällt in ihrem Freundes- und Bekanntenkreis immer häufiger der Satz: «Wäre ja schön, wenn wir Maybrit auch einladen könnten, aber Rufus ausdrücklich ausladen geht nicht, und wenn der bei uns auftaucht, entwickeln alle anderen Gäste Fluchtreflexe.»

Es ist eine der schwierigsten Etikettefragen im Umgang mit guten Freunden: Wie soll man sich verhalten, wenn man den jeweiligen Partner nicht ausstehen kann? Ethisch anspruchsvolle Benimmberater würden wahrscheinlich sagen, dass kein Mensch so furchtbar sein kann, dass man seine Anwesenheit nicht hin und wieder ertragen kann. Wer derlei predigt, hat noch nie einen Abend in Rufus' Non-Stop-Lifestyle-Seminar verbracht, und er hat auch niemals Martins Exfreundin Babette kennen gelernt.

Babette hatte ein extrem anstrengendes Hopplajetzt-komm-ich-zack-wumm-Auftreten, riss jedes Gespräch an sich, und wenn man nicht auf der Stelle ihrem Dampfhammercharme erlag, drängte sie einen irgendwann in eine Zimmerecke und sagte mit tiefer psychologischer Einsicht und leicht drohendem Unterton: «Ich glaube, du hast ein Problem mit mir. Aber das nehme ich als Herausforderung.»

Nachdem wir innerhalb kürzester Zeit alle diese Spezialbehandlung über uns ergehen lassen mussten, beschlossen Robert und ich, ein offenes Wort mit Martin zu reden. Die Folge war, dass sowohl er als auch Babette zutiefst eingeschnappt waren und einfach verschwanden. Das Schlimmste war, dass niemand Martin und Babette wirklich vermisste. Kurz darauf trat Constanze auf den Plan.

Überflüssig zu sagen, dass Martin der Allererste war, der das Weite suchte, nachdem er einen Abend lang von Rufus darüber belehrt worden war, welche Knöpfe man unter welchen Umständen beim Drei- bzw. beim Vier-Knopf-Sakko offen lässt.

Eine Zeit lang dachten wir: Das gibt sich, der Junge kommt schon noch aus sich raus. Nur: Das war er längst.

Bei Arno und Natalie hat sich das Warten gelohnt. Natalie hatte am Anfang schlechte Karten bei uns, weil sie unseren kleinen Arno fast zwei Jahre lang zappeln gelassen und sich seiner erst erbarmt hatte, als sich in diesem Zeitraum wirklich nichts Besseres gefunden hatte. Und dann saß sie immer stumm mit dabei, und immer, wie es schien, mit einem mühsam unterdrückten Gähnen zwischen den Kieferknochen.

«Wer die Klappe hält, ist nur unsicher», sagte Robert mit seinem untrüglichen Gespür für tiefe psychologische Zusammenhänge (seine Diagnose zu Rufus lautete übrigens: «Wer so viel ungebremsten Stuss daherredet, ist nur unsicher»). Und weil er fand, dass Arno sein Glück und Natalie eine Chance verdient hatte, machte er es sich fortan zur Aufgabe, die arrogante Schönheit zu knacken. Er begrüßte sie mit «altes Haus», erzählte ihr ehrenrührige Anekdoten über die anderen Anwesenden, kam «zufällig» in ihrer Galerie vorbei und verbreitete einfach eine derart unkaputtbare Jovialität, dass Natalie eines Tages unter so viel gutem Willen zusammenbrach und eine von uns wurde (es wird Roberts Selbstlosigkeit auf die Sprünge geholfen haben, dass Natalie wesentlich besser aussieht als der vornübergebeugte Spät-Popper Rufus).

Tatsächlich habe ich Mitleid mit Maybrit und Rufus, weil ich selber schon in ihrer Falle gesessen habe. Wenn man zum ersten Mal im Leben richtig verliebt ist, denkt man: Die Suche ist zu Ende. Jetzt habe ich alles, was ich jemals wollte. Und die Aussicht, sich ganz auf den anderen zu konzentrieren, scheint wie das größtmögliche Glück. Vielleicht sind wir das eine Paar auf der Welt, das niemand anderen braucht.

Aber die Wahrscheinlichkeit ist gering, dass man dazu ausersehen ist, zu zweit auf eine Nordseehallig zu ziehen, ein Leben lang nichts als tiefe Gespräche und großartigen Sex zu haben, Wattwürmer vor dem Aussterben zu retten und niemand zu sehen als den Postboten. Wenn überhaupt.

Meine Exfreundin Barbara und ich hatten so eine Phase, in der wir meinten, der Rest der Welt sollte mal ruhig ohne uns zurechtkommen, denn: Wir hatten ja uns. Aus diesem «Wir haben ja uns» wird dann bald ein «Wir gegen den Rest der Welt», und wenn man diesen Punkt erreicht hat, sitzt man schon mitten in der Falle. Ab jetzt ist es Verrat, einen Abend in Gesellschaft anderer Menschen vorzuschlagen: «Wieso? Langweilst du dich etwa mit mir?» Äh, natürlich nicht.

Ich erinnere mich, wie ich Barbara genau diese Frage stellte, nachdem sie vorgeschlagen hatte, zur Abwechslung mal eine wohl eher irrtümlich ausgesprochene Einladung aus unserem ehemaligen Freundeskreis anzunehmen.

«Nein», sagte Barbara, die immer sehr gründlich nachdachte, bevor sie etwas sagte. «Ich langweile mich nicht. Ich habe nur furchtbare Angst. Und ich fühle mich ganz schön einsam.»

Einsamkeit ist das letzte große Tabu, die letzte wirkliche Schande in unserer Gesellschaft. Alles darf einem zustoßen, alles darf man sich leisten, mit jeder Abscheulichkeit stößt man in irgendwelchen Kreisen noch auf Verständnis oder wird zumindest in eine Talkshow eingeladen, aber einsam – nein, einsam sein und es dann auch noch zugeben, das ist keine gute Idee.

Und ich erkenne die Angst, die ich damals spürte, in den Augen von Maybrit und Rufus. Angst gepaart mit einer gewissen Verblendung. Manche Paare resignieren in dieser Situation und versuchen tatsächlich, ein Leben zu zweit gegen den Rest der Welt zu leben, und um der Welt zu zeigen, dass sie dies aus Überzeugung und nicht etwa in Ermangelung einer besseren Alternative tun, tragen sie identische Wachsjacken, wenn sie beim Sonntagsspaziergang ihren Widerstandsgeist demonstrieren, und identische Jogginganzüge, wenn sie allein zu Hause sind. Es ist wie in einer Minisekte: Man hat seine Kenntnis des allein selig machenden Weges zu jedem Zeitpunkt zu demonstrieren.

Barbara und ich schafften es, der Hölle zu entfliehen. Aber wir waren zehn Jahre jünger, wir konnten mal eben anfangen zu studieren und «neue Leute kennen lernen» (eine Formulierung, die Bilder von aufgekratzten Menschen, die sich jauchzend in die Arme fallen, heraufbeschwört). Aber Maybrit und Rufus sind in jenem schwierigen Alter, in dem Menschen wie du und ich in den meisten Fällen nur noch von der Substanz zehren, von alten Freunden, die sich nicht haben wegekeln lassen, von Kollegen und raren Zufallsbekanntschaften. Wer Anfang, Mitte dreißig ist, muss schon den Arbeitsplatz wechseln oder sich ein Hobby zulegen, um «neue Leute kennen zu lernen». Da Maybrit und Rufus quasi verbeamtet sind, fällt die erste Option flach, und ich fürchte, bei Ausnutzung der zweiten treffen sie in erster Linie Menschen wie sich selbst.

Aber sie haben ja noch uns.

Stilleben mit
Fernbedienung *Gemütlichkeit*
und Langeweile

Eines Abends saßen wir vor dem Fernseher und aßen einen Eimer Eiskrem, den Luise von der Tankstelle geholt hatte, das heißt, ich wartete gerade darauf, dass der Eimer nun endlich zu mir zurückkäme, während auf dem Bildschirm ein «Tatort» von circa 1974 lief. Da sagte Luise plötzlich: «Jetzt ist es passiert. Wir tun nichts und sind glücklich dabei. Wir langweilen uns und merken es nicht mal.»

Ich fühlte mich empfindlich getroffen. Teilte mir meine Freundin soeben mit, dass sie ursprünglich erwartet hatte, mit mir die Welt zu erobern?

«Na ja», begehrte ich auf, «vorige Woche waren wir doch im Kino.»

«Ich beschwer mich ja auch gar nicht. Ich stelle nur fest, dass es nun passiert ist. Traute Zweisamkeit, und wir sind so richtig spießig zufrieden dabei.»

Was spricht dagegen, alle viere von sich zu strecken und einfach ein paar Jahre lang die schönste Langeweile zu genießen, die es gibt? Offenbar wenig, sonst würden ja nicht Millionen von Paaren diese gepflegte Langeweile als bevorzugte Daseinsform wählen, unterbrochen nur vom kurzfristigen Durchschleusen einigen Nachwuchses und vom sporadischen Auswechseln der Wohnzimmercouch. Aber wollten wir nicht eigentlich alles anders machen als die anderen? Das Stilleben mit Fernbedienung, das man als Paar nach spätestens einem Jahr abgibt, ist ja meist nicht die klassische Langeweile. Im Gegenteil, wir fühlen uns pudelwohl, und nur ab und zu wirft ein unterschwellig gärendes Unbehagen ein paar größere Blasen, und dann fragen wir uns: Sind wir jetzt total verspießert? Ist der andere nicht innerlich total angeödet und sehnt sich insgeheim danach, mit der Trapezkünstlerin eines ukrainischen Wanderzirkusses durchzubrennen? Sollten wir uns vielleicht – und spätestens bei diesem Gedanken schnürt es einem die Kehle zu – ein gemeinsames Hobby suchen?

Es blieb unseren lieben Freunden Maybrit und Rufus vorbehalten, den finsteren Plan in die Tat umzusetzen. Maybrit rief an und teilte mir ohne Umschweife mit, sie habe nun eigentlich gar keine Zeit, noch viel länger zu telefonieren, denn sie müsste gleich los. Auf diese Ankündigung folgte eine erwartungsfrohe Stille.

«Na gut», sagte ich geistesabwesend, mit den Fingern in den krümeligen Sofaritzen nach der Fernbedienung tastend, «dann mach's mal gut. Nett, dass du angerufen hast.»

«Ja, ich muss jetzt los. Rufus, bist du fertig? Schön. Wir müssen dann mal.»

«Meine Güte, nun sag mir schon endlich, was ihr vorhabt.»

«Heute ist doch Donnerstag. Wir gehen donnerstags immer tanzen. Also heute zum ersten Mal. Standard und Lateinamerikanisch. Immer donnerstags. Rufus und ich. So, wir müssen los.»

Ich war gespannt, wie Luise die Nachricht aufnehmen würde. Ich selbst hatte bis vor drei Minuten nicht das Bedürfnis verspürt, mit ihr im Kreise anderer anödgefährdeter Paare auf irgendeiner Fabriketage herumzuschwofen, aber ich musste zugeben, dass ich angesichts des Tatendrangs und der Initiative von Maybrit und Rufus doch so etwas wie Neid und Respekt verspürte.

Den Rest des Abends verbrachten wir damit, uns mit den anderen Paaren in unserem Freundes- und Bekanntenkreis zu vergleichen. Das Schöne ist natürlich, dass man immer schnell ein Beispiel findet von Leuten, die irgendwie spießiger dran sind als man selbst. Robert und Annika: Wenn du meinst, dass wir faule Langweiler sind, die nur noch zu Hause rumsitzen, dann guck dir mal die beiden an: *eine* gemeinsame Lieblingsfernsehserie, auf die man sich die ganze Woche über freut, für die man sich den Abend freihält, über die man noch nachts im Bett diskutiert, mag ja eine schöne Sache sein. Aber sieben sind ein echtes Problem.

Aber dann fallen einem immer auch Gegenbeispiele ein. Arno und Natalie zum Beispiel, die wahrscheinlich nicht einmal wissen, dass es in Deutschland inzwischen mehr als drei Fernsehprogramme gibt, weil Natalie von einem unbändigen Tatendrang getrieben wird und Arno verbissen gutmütig alles mitmacht, was die Subkultur der Paarfreizeit zu bieten hat. Die beiden haben Tänze gelernt, die wir nicht mal aussprechen können, sie sind Veteranen der Partnermassage, sie haben in abendlich verlassenen Grundschulklassenzimmern an winzigen Tischen einträchtig nebeneinander gesessen und mehr Sprachen gelernt, als im Europaparlament gedolmetscht werden, sie haben Foto-, Mal- und Zeichenkurse belegt, und alles mit einer Eleganz und Selbstverständlichkeit, die uns Sofahocker und «Tagesthemen»-Einschläfer sprachlos zurücklässt.

Abende mit Arno und Natalie können deshalb Gift sein für meinen Seelenfrieden. Auf dem Heimweg ist Luise oft schweigsam und merkwürdig verstimmt. Und plötzlich bricht es doch aus ihr heraus: «Warum machen wir nicht mal so was richtig Interessantes zusammen?»

Und dann fängt Luise an, mir ihre Theorie darzulegen, dass Männer mit weniger Reizen glücklich sind als Frauen. Was natürlich nur eine höfliche Umschreibung dafür ist, dass Männer, sobald sie sich in der Beziehung gemütlich eingerichtet haben, praktisch über Nacht zu ständig wegnickenden Couchbewohnern werden, deren Bedarf, in die Welt hinauszugehen, durch acht oder neun Stunden Arbeitstag mehr als gedeckt ist.

Später, als wir auf dem Sofa sitzen, den Fernseher aus, um mal ein Zeichen zu setzen, kommen wir zu einer Entscheidung.

«Wir brauchen kein verdammtes gemeinsames Hobby», sagt Luise. «Blaise Pascal hat gesagt – und du weißt, nur im äußersten Notfall lasse ich mich dazu hinreißen zu sagen: Der und der hat gesagt –, also: Blaise Pascal hat einmal gesagt: Dass der Mensch unglücklich ist, kommt daher, dass er nicht still in seinem Zimmer sitzen kann. Warum sollen wir uns also unglücklich machen? Es reicht, wenn du einmal in der Woche auf dem Bass herumdilettierst, und mein Bedarf an organisierter Freizeitgestaltung ist durch meinen Yogakurs mehr als gedeckt.»

Das haben die beiden schön gesagt, Luise und Blaise. Bis auf den Mittelteil mit dem Dilettieren.

Ich freu mich, wenn's dir schmeckt *Wenn Paare gemeinsam in die Breite gehen*

Schön an einer festen Beziehung ist auch: regelmäßig eine warme Mahlzeit.

Denn für sich allein vernünftig zu kochen erfordert mehr Disziplin, als eine rentenpolitische Diskussionssendung bis zum Ende zu gucken. Für Gäste zu kochen wiederum ist immer mit Stress verbunden: Wenn hier steht «vier Portionen», wie koche ich das dann für sieben, von denen zwei auf Diät sind und fünf jenseits von gut und böse? Kann diese schlichte Lachslasagne gegen die andalusische Krebspfanne letzten Freitag bei Arno und Natalie anstinken? Schmeckt dieser Wein wirklich nach 19 Mark 80, oder sollte man das Preisschild lieber aus Versehen dranlassen?

So richtig schön ist Kochen also nur zu zweit. Um genauer zu sein: zu zweit für vier kochen, sich vornehmen, schön was für morgen Abend übrig zu lassen, und dann doch nach und nach alles aufessen, gern nochmal kurz vor dem Schlafengehen direkt aus dem Kühlschrank. Paare essen meistens zu viel. Und wenn sie gemeinsam kochen, dann gehen sie bald gemeinsam in die Breite.

Robert sagt: «Essen ist die Erotik der langjährigen Beziehung.» Wenn das stimmt, sind Annika und er die Sex-Maniacs des Kurzgebratenen. Egal, zu welcher Tages- oder Nachtzeit man bei den beiden anruft, immer heißt es: «Wir kochen gerade» oder «Wir essen gerade» oder aber: «Du, im Augenblick ist schlecht, wir machen gerade Diät.» Gern auch mit dem Zusatz: «Wir haben schon drei Pfund runter.»

Den Rest kann man sich denken: Annika hungert, und Robert manipuliert die Waage.

Aber bevor wir uns dem weiten Feld des gemeinschaftlichen Gesundschrumpfens zuwenden, ist zu klären, warum gemeinsam essen und kochen so schön ist. Dahinter steckt etwas ganz Grundsätzliches: Im Alltag einer Beziehung gehen die großen, einfachen Gefühle manchmal ein bisschen verschütt, zugedeckt von lästigen Routineangelegenheiten wie Haushalt, Therapeutenbesuchen und Diskussionen darüber, ob gegen Schnarchen Ohrenstöpsel oder eine Gaumensegelamputation die geeignetere Maßnahme sind. Essen aber müssen wir alle, die Nahrungsaufnahme ist eines der ganz grundsätzlichen menschlichen Bedürfnisse, und meistens ist das Stillen des Hungers bzw. seine vollständige Vernichtung mit einem starken Glücksgefühl verbunden (es sei denn, Martin und Constanze werfen die Fritteuse an). Was gibt es Schöneres, als dieses Glück mit dem Menschen zu teilen, den man liebt?

Natürlich gibt es auch Menschen, die nicht gern essen. Es muss an meiner eigenen Verfressenheit liegen, dass ich nie die Verbindung mit einer solchen Person gesucht habe. Zu niederschmetternd erscheint mir die Aussicht, meine Abende mit einer Frau zu verbringen, die unter «Essen» das Hinundhermanövrieren von Salatblättern versteht und unter «Trinken» das Nippen an einem stillen Mineralwasser.

Zu diesem Thema habe ich eine repräsentative Umfrage im Kreise meiner männlichen Freunde, Bekannten, Verwandten und Kollegen gemacht, einzige Frage: «Was muss eine Frau auf alle Fälle haben, damit du dich in sie verliebst und glücklich mit ihr wirst?» Etwa 99 Prozent antworteten darauf nicht etwa: «Einen vorbildlichen Körperfettanteil» oder «Knackige Beine und einen grazilen Po», sondern: «Sie muss gern essen.» Da Mehrfachnennungen möglich waren, folgten auf den Plätzen Aussagen wie «Eine Hertha-Dauerkarte», «Keine Haustiere» und «Einen überdachten Stellplatz», aber das nur am Rande.

In unserer verkorksten Gesellschaft ist Essen leider ein extrem mit Schuld und daraus folgend schlechtem Gewissen beladenes Tabu, und es gehört zu den schönsten Möglichkeiten der festen Beziehung, dieses Tabu regelmäßig und nachhaltig zu brechen (wenn auch nicht bis zum Erbrechen, es sei denn: siehe oben unter Martin, Constanze, Fritteuse).

Das Essen beschäftigt uns den ganzen Tag. Das fängt morgens damit an, dass wir, noch im Bett liegend, erörtern, ob wir irgendwelche Nachwirkungen vom Essen am Abend zuvor verspüren, und wenn ja, welche (Völlegefühl? Glücksgefühl? Sodbrennen?). Während des Tages planen wir telefonisch, was wir heute Abend kochen oder wohin wir zum Essen gehen, wobei diese Pläne nicht selten umgeworfen werden, was weitere Telefonate und weiteres Übers-Essen-Reden erfordert. Wenn wir uns dazu entschließen, zu Hause zu kochen, gehe ich in der Mittagspause einkaufen. Kurz vor Feierabend, wenn sich herausstellt, dass Luise zuerst zu Hause sein wird, ist das nächste Telefonat fällig, in dem geklärt werden muss, ob sie schon den Herd anwerfen oder sonst etwas vorbereiten kann, gegebenenfalls nochmal einkaufen gehen sollte, weil wir beide zu diesem Zeitpunkt bereits «einen derartig mordsmäßigen Kohldampf» haben, dass die Aussicht, auf mich und meine Einkäufe warten zu müssen, uns beide nachhaltig verstört. Bei uns kommt ja nichts um.

Wenn wir dann endlich beide in der Küche vereint sind, muss eines klar sein: Nur einer kann der Chef sein (siehe hierzu das Machtkapitel, Stichwort: Doppeldiktatur). Die Küche ist, partnerschaftlich gesehen, ein ganz heißes Pflaster. Noch in unserer

Verliebtheitsphase hatten wir den allerersten Streit unserer hoffnungsvollen jungen Beziehung ebendort, beim gemeinsamen Kochen. Wenn ich mich richtig erinnere, ging es um die korrekte Zubereitung von Spaghetti mit Pesto und Parmesan. Während ich noch darauf beharrte, mir meinen Käse lieber direkt auf die Portion reiben zu wollen, hatte Luise den ganzen Parmesan bereits aufgerieben und im Topf untergemischt. Ich war stinksauer. Beim Essen hört der Spaß auf. Woraus man zwei Dinge lernen kann: Wir haben jetzt immer ein viel zu großes Stück Parmesankäse im Haus. Und außerdem gibt es nichts Traurigeres, als schweigend und schmollend zu essen. All die kleinen Stellvertreterkriege, die im Alltag den Platz großer Beziehungskämpfe einnehmen, sollte man lieber an anderen Schauplätzen austragen: im Auto, vor Gästen, meinetwegen sogar im Bett. Aber niemals in der Küche. Daher übernimmt also immer einer von uns beim Kochen die Kontrolle, der andere schnippelt, schält, arbeitet zu und lässt Luft in die Flasche, damit der Wein mehr Raum zum Atmen hat.

Im Laufe einer festen Beziehung fangen Männer unweigerlich an, sich für Wein oder Whiskey oder beides zu interessieren und ihr hastig erworbenes Fachwissen dem Rest der Welt mitzuteilen. Männer neigen dazu, sich nicht einfach für Dinge zu begeistern, nein: Es muss ein gewisser theoretischer Unter- oder Überbau dabei sein. Das gilt für das

unqualifizierte Kommentieren von Fußballübertragungen ebenso wie für den Besuch beim Autome-
chaniker. (Luise sagt: «Der Motor klingt komisch.»
Ich, nicht weniger ahnungslos, sage: «Ich glaube,
der Vergaser zieht Nebenluft. Hörn Se mal.») Und
eben auch für Wein. Robert und ich haben die Tech-
nik perfektioniert, uns gegenseitig mit einem Min-
destmaß an Fachwissen und einem Übermaß an Jar-
gon in der Beurteilung von uns entdeckter Weine zu
überbieten. Das heißt, ich befürchte, dass Robert
am Ende doch ein bisschen von Wein versteht, und
bin daher beleidigt, wenn er meinen Dornfelder mit
nachdrücklich zur Schau gestellter Toleranz als
«vom Bukett her viel versprechend, im Abgang aber
ein bisschen flachbrüstig» bezeichnet. Desgleichen
reagiert er leicht verstimmt, wenn ich seinem Super-
markt-Shiraz eine «etwas vordergründige Blumig-
keit» bescheinige, die «den vollen Körper auf den
zweiten Gedanken Lügen straft», was die schlechte
Übersetzung meines einzigen Weinführers offen-
bart. Am Ende einigen wir uns großmütig auf ein
herzliches «Kann man aber trinken», und nach der
zwoten Flasche ist sowieso alles egal.

Die Nahrungsaufnahme an sich ist dann der übliche
Kampf mit dem alten Paradoxon der Ernährungs-
wissenschaft, die herausgefunden hat, dass das Sätti-
gungsgefühl sich erst nach etwa zwanzig Minuten
einstellt. Das heißt, wir stellen irgendwann fest, dass
wir satt sind, wissen im selben Moment also, dass

wir uns seit mehr als einer Viertelstunde überfressen, und essen dann weiter, bis wir wirklich nicht mehr können oder bis alles aufgegessen ist, je nachdem, was zuerst eintritt (meist das Letztere).

Das Bestürzende daran ist, dass Luise essen kann, so viel sie will, ohne jemals für mich sichtbar dicker zu werden (sie sieht das anders), während mir alle Teigwaren und Mehlspeisen ohne Umwege in die Hüfttaschen und ins Gesicht gehen. Ich empfinde dies als bodenlose Ungerechtigkeit, die keineswegs dadurch gemildert wird, dass Luise, wenn wir zu Hause gekocht haben, immer ein bisschen früher zu essen aufhört als ich und die letzten paar Minuten, in denen ich um Atem ringend Töpfe und Pfannen kläre, mit einem gönnerhaften «Ich freu mich, wenn's dir schmeckt» kommentiert. Sitzen wir im Restaurant, so isst Luise gegen Ende der Mahlzeit plötzlich in Zeitlupe und lässt dabei bis zum Schluss einen einzigen perfekten Bissen übrig, ein wunderschönes Stück Saltimbocca komplett mit Schinken, Salbeiblatt und zwei Kubikzentimetern Kartoffelgratin. Sobald ich fertig bin und mich bereits verzweifelt nach einem Kellner umschaue, dem ich «Dürften wir noch etwas Brot haben?» zuächzen kann, lächelt Luise und schiebt sich ihren letzten Bissen mit ungebührlichen Genussanzeichen in den Mund. Das tut weh. Sehr weh.

Beim Essen hört der Spaß auf. Erst recht, wenn es darum geht, das Essen für eine Weile einzuschränken, um Bundweite 34 halten zu können. Zwischen den Frauen in meinem Bekanntenkreis gibt es eine Art fortlaufenden Wettstreit darüber, welcher Freund am wenigsten in der Körpermitte auseinander geflossen ist. Ehrensache, dass Luise da nicht einfach kampflos aufgibt. Neulich waren wir mit Martin und Constanze in der Tapa-Bar um die Ecke (Martin und ich nur unter Protest, denn: «Davon wird man doch nicht satt, da können wir nach dem Abendessen hingehen»), wo sich folgendes Gespräch entspann:

Constanze: «Findest du nicht, dass Martin dünner geworden ist? Vielleicht sieht man's noch nicht, aber: drei Kilo in vier Wochen.»

Martin (meinem Blick ausweichend, indem er stur auf die Karte starrt): «Ich sterbe vor Hunger.»

Luise (zu mir): «Aber du passt ja auch wieder in die 34er. Und die sechzig Liegestützen jeden Morgen machen sich auch langsam bemerkbar.»

Ich: «Liege- ... was? Aua!»

Constanze: «Martin ist ja seit Jahren Mitglied im Fitnessstudio.»

Luise: «Und, gehst du auch mal hin, Martin?»

Constanze: «Man soll ja nach 20 Uhr nicht mehr so viel essen.»

Luise: «Das ist richtig. Kommt, wir teilen uns alle ein paar Oliven und sauer eingelegte Sardellen.»

Kurz: Man fühlt sich wie ein unrasierter Zuchtpudel auf einer Hundeschau. Sicher gibt es noch genügend Männer, die ihr angeschlagenes Ego durch eine Freundin mit Idealgewicht und Klischeefigur aufzuwerten versuchen. Meist sind es aber mittlerweile die Frauen, die einen gut trainierten Mann mit minimalem Körperfettanteil als Statussymbol betrachten. Eine deprimierende Aussicht, ebenso wie das kleine Schälchen Oliven und die sauren Sardellen. Glücklicherweise hat Luise einen tiefen Schlaf, und unser Kühlschrank ist randvoll mit den Schweinereien, die ich nach der Arbeit eingekauft habe. Und fast so schön wie das Essen zu zweit ist das heimliche Essen allein.

Alles hat ein Ende,
nur die Liebe hat zwei *Trauerfall*
Trennung

Der Tag vor einer großen Katastrophe ist immer ein
ganz normaler Tag. Wir stehen auf, tun, was wir immer tun, und wissen nicht, dass dies der letzte Tag in
unserem bisherigen Leben gewesen sein wird. Später werden wir uns fragen: Hätten wir etwas ahnen
können? Warum haben wir die Zeichen falsch gelesen? Wäre die Katastrophe aufzuhalten gewesen?

Es war ein Sonntagmorgen. Luise lag im Bett und
schlief oder tat so, als ob sie schlief, um eine Stunde
oder zwei für sich allein zu haben. Ich war früh aufgewacht, saß in der Küche über einer Tasse Kaffee
und der Sonntagszeitung. Der Sonntag schien sich
vor mir auszudehnen wie die nächsten Jahre meines
Lebens: vertraut und überschaubar, voller vorher-
sehbarer Überraschungen. Ein Spaziergang in der
Sonne. Der Tag, an dem Luise mir sagen würde, dass
sie schwanger ist. Vielleicht ein Besuch in der Aus-
stellung, die wir schon so lange sehen wollten. Eine
größere Wohnung. Ein Nachmittag auf dem Sofa

mit liegen gebliebenen Zeitschriften. Ein neuer Job. Zwei Erziehungsjahre, eins von Luise, eins von mir. Und wir würden heiraten und uns über die Gästeliste und die Trauzeugen streiten (Robert oder mein Bruder? Annika oder Simone?). Es war alles weit offen und eben wieder auch nicht. Ich wusste, dass ich glücklich war.

Luise stand im Türrahmen, gähnte und musterte mich mit deutlichen Anzeichen von Unzufriedenheit: das «Guten Morgen» eine Spur zu lange herausgezögert, zwei tiefe Falten um die Mundwinkel, etwas unsonntäglich Angespanntes in ihrer Körperhaltung. Aber das würde ich auch noch hinkriegen. Es würde ein schöner Tag werden.

In diesem Moment klingelte das Telefon. Luise nahm den Hörer ab.

«Hallo?

Morgen.

Nein.

Du hörst dich …

Was?

Ach, du Scheiße. Das kann doch nicht … Bist du sicher?

Und was …

Ja, natürlich. Ja, der ist hier. Ja. Ja. Was denkst du denn. Wir sind hier. Nein, wir gehen nicht weg. Sollen wir dich …

Okay. Wir sind hier. Bis gleich.»

Ich hatte mich am Küchentisch aufgerichtet.

Ich hörte, wie Luise den Hörer auflegte. Ihre Barfußschritte im Flur. Dann kam sie in die Küche. Sie war blass.

«Das war Robert. Es geht ihm nicht gut. Er ...» Sie holte tief Luft und sagte: «Annika hat sich gestern Abend von ihm getrennt.» Und dann ging sie zum Kühlschrank, auf dem die Thermoskanne stand, goss sich einen Kaffee ein, nahm die Zigaretten und das Feuerzeug vom Küchenregal, zündete sich eine an, warf sie in die Spüle und fing an zu weinen, bis ihr der Rotz aus der Nase lief.

Wer verlassen wird, steht in den meisten Fällen unvorbereitet vor den Trümmern seines oder ihres Lebens. Und selbst das beschreibt es nur unzureichend. Es sind die Trümmer der Vergangenheit, der Gegenwart und der Zukunft. Die Ruinen der Liebe zu einem bestimmten Menschen und der Liebe an sich. Wer sich entschließt, den Menschen zu verlassen, den sie oder er vorgestern noch geliebt hat, entschließt sich, die Verantwortung für all das zu übernehmen, und für den eigenen Schmerz obendrein. Eine einsame und schwierige Entscheidung. Bis eben dachten wir dasselbe über die Auswahl des richtigen Mobilfunkanbieters bzw. über die Frage, ob eine Kurzhaarfrisur uns pausbäckig macht oder nicht. Eine Trennung setzt alles in eine andere Perspektive. Und wer daneben steht wie Luise und ich, fragt sich, ob einem das eigene Leben nicht genauso unvermittelt um die Ohren fliegen kann.

Natürlich gibt es Trennungen, die sich wochen-

oder monatelang abzeichnen wie ein Hurrikan, der deutlich sichtbar auf dem Satellitenbild bewohnten Gebieten entgegenwütet. Das sind dann ungerechterweise oft die Beziehungen, die trotz allem noch halten, wenn beide Parteien sich über die Wochenbestellung des Essens auf Rädern in die verbleibenden Haare geraten.

Natürlich gibt es Trennungen, die längst überfällig sind, weil jeder hofft, dass der andere zuerst einen Schlussstrich zieht. Auch gibt es die Trennung im gegenseitigen Einvernehmen, wenn beide sich eines Abends gemütlich zusammensetzen und sagen, du, es läuft nicht mehr, findest du nicht auch, ja, schön, danke, Vorhang. Aber selbst wenn diese weniger schmerzhaften Spielarten der Trennung statistisch gesehen einen großen Teil aller zerbrechenden Beziehungen ausmachen, kommt die eigene Trennung doch meist aus heiterem Himmel. Gerade haben wir doch noch zusammen gelacht, im Bett gelegen. Eben hat er mir noch gesagt, dass er mich liebt. Und er hat geklungen wie immer. Und ich habe ihm geglaubt.

Später saß Robert in unserer Küche. Er redete und weinte und schwieg und redete dann wieder und hörte nicht mehr auf. Und auf diesen Sonntag folgten viele Tage und Abende, an denen Robert über Annika reden musste und darüber, wie sie ihn verlassen hatte, darüber, wie er sich fühlte. Und dann darüber, dass ihm niemand mehr zuhören wollte.

Constanze sagte irgendwann, als Robert nicht dabei war, dass man so lange braucht, um über eine Trennung hinwegzukommen, wie die Beziehung gedauert hat. Gut, dass Robert es nicht hörte. Denn sechs Jahre sind eine lange Zeit, wenn man sie leidend verbringt.

Was Robert uns an jenem Sonntag in unserer Küche erzählte, war zusammengefasst etwa dies:

«Das Komische ist, dass ich im zweiten Jahr unserer Beziehung oft gedacht habe, ich halte das nicht aus, das wird hier so eng, so eingefahren, irgendwann schmeiße ich noch alles hin und gehe weg. Aber dieser Gedanke war immer nur ein Ventil, das ich irgendwann nicht mehr brauchte, weil sich langsam in mir eine große Ruhe, ein ganz friedliches Gefühl ausgebreitet hat. Und mitten in diesem Gefühl, nach sechs Jahren, hat Annika alles hingeschmissen und ist weggegangen.

Wir kennen uns zwar aus der Schule, aber wir sind erst zusammengekommen, als wir 25 waren. Ziemlich kitschig. So, als ob wir aufeinander gewartet hätten. Als ob wir füreinander bestimmt wären. Wir haben sehr gut zusammengepasst. Ich bin ja eher der nachdenkliche, planende Typ, Annika ist impulsiv und begeisterungsfähig. Sobald ich richtig gearbeitet habe, hat bei mir auch die Unzufriedenheit aufgehört, mit Mitte zwanzig schon auf die Frau fürs Leben festgelegt zu sein. Alles schien so perfekt. Wir haben angefangen, scherzhaft übers

Heiraten und über Kinder zu reden, und ich hatte schon so einen kleinen Zeitplan: Nächstes Jahr heiraten wir, dann noch zwei Jahre, und mit 34, 35 das erste Kind. Annika hat darüber gelacht, und ich habe das für ein zustimmendes Lachen gehalten.

Vor gut einem Jahr hat Annika ihr Studium planmäßig beendet. Nicht planmäßig war, dass sie danach in die große Krise gestürzt ist. Wenn ich abends von der Arbeit kam, saß sie im Schlafanzug mit verheulten Augen auf dem Sofa. ‹Stagnationsdepression›, habe ich versucht, sie zu beruhigen. Ganz normal, wenn so ein Lebensabschnitt plötzlich vorbei ist. ‹Stagnationsdepression›, hat sie gesagt und mich dabei ganz merkwürdig angeschaut. Sorgen habe ich mir nicht gemacht. Plötzlich war es zu spät: Eingeengt, erdrückend, das waren die Worte, die sie benutzt hat. Sie hat auch gesagt, unser Leben sei spießig geworden. Sie müsse was Neues ausprobieren. Und es sei aus.»

Von Annikas Krise hatten wir wenig gemerkt. Festzustellen, dass wir weit weniger über unsere engsten Freunde wussten, als wir angenommen hatten, war ernüchternd. Sich die Einsamkeit vorzustellen, die sich zwischen Annika und Robert ausgebreitet hatte, nahm uns die Luft: Annikas innere Einsamkeit in den Monaten, in denen sie sich von Robert entfernt hatte. Monate voller Zweifel, ob sie tatsächlich fühlte, was sie zu fühlen meinte, Monate, in denen sie sich zurückzog, um ganz allein den Entschluss zu

242

fassen, an einem Abend einen liebevoll ausgearbeiteten Entwurf für die Zukunft in die Tonne zu treten. Und Roberts schreiend offensichtliche Einsamkeit, die mit einem Schock begann und in den nächsten Monaten zu einem Dauerzustand zu werden drohte.

Annika wollte etwas Neues ausprobieren, und das Neue war erst mal ein Typ, mit dem sie Examen gemacht hatte und mit dem sie kurz nach der Trennung zwei, drei Monate zusammen war. In der Zeit war Robert noch voller Hoffnung. Aber als sie auch danach nicht zurückkam, hatte er das Gefühl, er stünde auf einem Teppich, den jemand erst langsam, dann immer schneller unter ihm wegzieht.

Er und ich saßen an unzähligen Abenden zusammen in Kneipen. Er schaute in sein Bierglas und sagte Dinge wie: «Warum musste sie alles, was wir beide uns aufgebaut hatten, kaputtmachen? Als wenn es nur um sie gegangen wäre. Jeden Tag zwölf Stunden Arbeit, der Versuch, ein eigenes Geschäft aufzubauen, damit wir heiraten und Kinder haben können – das war also plötzlich nur noch spießig. Die Wohnung, die wir zusammen nach ihrem Geschmack eingerichtet haben, kam ihr vor wie ein Gefängnis. Meine Toleranz und meine Zufriedenheit fand sie plötzlich passiv und lähmend.»

Was soll man jemand sagen, der verlassen worden ist? «Gut, dass du die Alte los bist»? Irgendwann beginnt die Phase, in der das genau das Richtige wäre. Auf den Schmerz folgt der Hass, und danach wird irgendwann wirklich alles besser. Aber so weit war Robert noch lange nicht. Irgendwann konnte auch ich den ständigen Annika-Sound nicht mehr hören, und die Abende und Telefonate mit Robert fingen an, zu Prüfungen zu werden.

Robert saß in der Wohnung mit den Möbeln, die Annika ausgesucht hatte, mit dem Job, der das Geld für zwei oder drei oder vier einbringt, und verstand die Welt nicht mehr. War er sechs Jahre lang blind gewesen, hätte es nicht genug Möglichkeiten für sie gegeben zu sagen: So nicht? Hatte sie das romantische Spiel von der Jugendliebe, die ein ganzes Leben halten soll, nicht jahrelang mitgespielt?

Zum ersten Mal in seinem Leben hatte Robert richtig viel Zeit und Anlass, über sich selbst nachzudenken, und er sagte: «Ich weiß, es ist schwer, zu gehen, aber unglaublich viel schwerer ist es, zurückzubleiben und nicht zu wissen, warum man überhaupt weitermacht. Niemand von meinen Freunden ist mehr bereit, sich meine Klagen anzuhören. Du rätst mir doch auch nur, ich soll endlich mal wieder so richtig auf den Putz hauen. Aber ich habe keine Lust, mich nach Affären umzuschauen, ich denke gar nicht mehr an Sex. Jeder Idiot, der seine Wohnungseinrichtung kaputtschlägt und der Exfrau die Autoreifen zersticht, kriegt mehr Respekt als einer, der nicht mehr richtig funktioniert, weil er sich selbst Leid tut.

Ja, ich bin sentimental, manchmal versuche ich, mich in meine Trauer zu verkriechen wie in ein muffiges Bett. Und dann kommt Martin vorbei, sieht die gut angebrochene Rotweinflasche und die Fototaschen auf dem Wohnzimmertisch und fragt, ob ich Fotos abgeholt habe. Und bevor ich es verhindern kann, hält er die Fotos von Annikas und meinem ersten gemeinsamen Urlaub in den Händen: Provence 1993, Annika lachend mit Strohhut vor Lavendelfeld. Und Martin sieht mich an mit großer Sorge, die schon ganz brüchig ist vor lauter Genervtheit: der ‹Hört-das-jetzt-endlich-bald-auf?›-Blick.

Meine Eltern tun so, als wäre Verlassenwerden ein weiterer Abschnitt der großen Abschlussprüfung für Erwachsene: Da musst du durch, Junge. Meine alten Freundinnen habe ich alle vergrault. Meine Kollegen machen sich auf dieselbe Art und Weise über mich lustig, als hätte ich beim Squash verloren. Da heißt es dann, ich soll mal langsam was für meine Steuerklasse tun, und wer soll denn meine Rente zahlen, wenn ich nicht bald Nachwuchs in die Welt setze? Alles schön ironisch verbrämt, schließlich sind wir ja aufgeklärte neue Männer, die es nicht nötig haben, sich gegenseitig in die Pfanne zu hauen.»

Früher hatte Annika ihn mitgerissen, nun hatte Robert keine Energie mehr für die einfachsten Dinge. Die meiste Zeit verbrachte er vor dem Fernseher.

Auf Trennungen reagieren Männer gerne extrem. Sie schweigen jahrelang, beißen die Zähne zusammen, schlucken runter und fressen in sich hinein, und wenn dann plötzlich alles zu spät ist, geraten sie völlig außer Kontrolle. Einige, indem sie wie Robert monatelang exzessiv leiden, andere, indem sie kämpfen um die Frau, die sie nicht mehr liebt, und zwar mit Hingabe, Sturheit und Ausdauer. Wieder andere reden sich ein, sie müssten die unverhoffte Freiheit feiern, bis der Arzt kommt. Männer, die Frauen verlassen, kann man immer wieder dabei beobachten, wie sie sich ohne Schamfrist gleich in die nächste Beziehung stürzen, und dann gleich in noch eine, weil's so schön war. Männer haben kein Talent für Trennungen. Eine niederschmetternde Erkenntnis, wenn man bedenkt, dass sie der landläufigen Meinung nach auch kein Talent für Beziehungen haben.

Alles hat ein Ende, nur die Liebe hat zwei. Ein Ende für Robert, eines für Annika. Wir konnten nicht verhindern, dass unser Verhältnis zu ihr sich abkühlte in den ersten Monaten nach der Trennung. Sicher, wir wussten, dass wir ihr keinen Vorwurf machen konnten, wir kannten den Klassiker: Es gibt keinen richtigen Weg, sich zu trennen. Aber es gibt tausend falsche, und Annikas war einer davon. Wer geht, ist immer der Schuldige. Und abgesehen davon, dass Robert uns Leid tat: Hatte sie nicht auch uns die schöne heile Welt kaputtgehauen? Die gemeinsamen Abende zu viert und auch die Illusion, an der wir alle auf unsere Art und Weise, aber auch gemeinsam festgehalten hatten: dass wir glückliche Paare waren und dass alles immer so weitergehen würde.

Luise war der Meinung, Annika habe sich absolut kriminell verhalten und gehöre erst mal in Quarantäne. Ausgerechnet meine nüchterne, unsentimentale Luise konnte Annika nicht verzeihen, dass sie uns alle auf den Boden der Tatsachen zurückholte, indem sie uns zeigte, dass das große Glück und die bodenlose Tragödie dicht beieinander lagen.

«Der traurige Witz ist, dass sie gar nicht nah beieinander liegen. Das sieht im Nachhinein immer nur so aus», sagte Annika, als ich sie allein in einem Café traf, Luises missbilligendes Schweigen noch in den Ohren. Annika hatte das Zwischenspiel mit ihrem Exkommilitonen, der für uns ein Gespenst geblieben war, gerade einvernehmlich beendet. Sie sah schlecht aus, blass und übernächtigt, ihre Fingernägel runtergekaut, ihre Haare dunkler getönt, als ihr stand. Sie versuchte, ihre Finger an einer Milchkaffeetasse zu wärmen, die längst leer war.

«In Wahrheit trittst du irgendwann eine Reise an, die vom einen Zustand in den anderen führt. Weg von der Liebe. Du brichst auf aus der alltäglichen Zufriedenheit, ohne es zu merken und ohne Gelegenheit zu haben, irgendwas zu packen. Und dann merkst du plötzlich: Der Zug ist abgefahren, und du sitzt drin. Und was jetzt? Aussteigen und hoffen, dass du den Weg zurück findest? Dass alles wieder gut wird? Oder setzt du die Reise fort, die du angetreten hast?»

«Vielleicht hast du dich geirrt», sagte ich vorsichtig.

Annika schwieg. Sie hatte die Lippen zusammen-gepresst und blickte starr auf die Tischplatte.

«Das frage ich mich jeden Tag. Jeden Tag frage ich mich, ob ich nicht einfach zurückkehren soll. Und manchmal wünsche ich mir, dass wieder alles wird wie früher. So sehr, dass ich schreien könnte. Aber dann erinnere ich mich, wie viel Kraft es mich ge-kostet hat, Robert zu sagen, dass es nicht weitergeht, dass ich ihn nicht mehr liebe. Und ich erinnere mich, dass ich diese Kraft nur aufgebracht habe, weil ich mir so sicher war. Dieses Gefühl werde ich nicht vergessen. Als alles klar war. Als ich wusste, was ich tun muss, egal, wie grausam es ist.»

Wir saßen da und schwiegen. Ich stellte mir vor, wie es früher gewesen war. Gleich würden Robert und Luise reinkommen, nass vom Regen, in eine Diskussion vertieft, und es wäre ein ganz normaler Abend, nichts Besonderes, und niemand von uns wüsste, wie gut es uns wirklich ging. Das weiß man viel zu selten, dachte ich.

«Ich hoffe, meine Zweifel sind nur eine Phase. Ich hoffe, dass Roberts Schmerz vorübergeht. Es stimmt nicht, dass ich ihm den Glauben an die Liebe genommen habe. Es darf nicht stimmen.»

Es war keine entspannte Stille. Dann sagte Anni-ka: «Mir geht es beschissen, ehrlich. Und das sage ich nicht, damit du denkst, die Sache wäre damit ge-gessen: Beiden geht's schlecht, also ist wenigstens alles halbwegs gerecht. Nein, mir geht's zwar be-schissen, aber, weißt du, manchmal geht's mir auch richtig gut. Ich merke, dass ich auf dem Weg zu einer Ausgeglichenheit und Zufriedenheit bin, die ich schon seit Jahren nicht mehr gespürt habe.»

Vielleicht spinne ich es mir im Nachhinein zurecht, aber in diesem Augenblick schien die Bedrücktheit, die über unserem Nachmittag im Café lastete, ein kleines bisschen aufzureißen.

«Wenn du zufriedener bist, hast du vielleicht doch alles richtig gemacht», sagte ich.

«Ja», sagte Annika. Sie lächelte, und für einen Moment sah sie fast aus wie die fröhliche Annika, mit der Luise und ich so viel Zeit verbracht hatten.

Nachts lag ich neben Luise wach und fragte mich, was Annikas und Roberts Trennung für uns bedeutete. Konnten wir daraus lernen? Noch mehr miteinander zu reden? Oder sollten wir uns irgendwie aneinander ketten, heiraten, Kinder bekommen, gemeinsam auf Raten einen Neuwagen kaufen?

Luise bewegte sich neben mir und schob vorsichtig ihre kalten Füße zu mir herüber.

«Ich muss dich mal was fragen», sagte sie, und ich hörte auf, so zu atmen, als schliefe ich.

«Ja», sagte ich.

Es war still in der Wohnung bis auf das Brummen des Kühlschranks in der Küche. Der hässliche Radiowecker zeigte 3 Uhr 26.

«Liebst du mich noch?»

Geht's noch? *Zwischen Liebe und Gewohnheit*

Für einige Atemzüge liegen wir in der Stille unserer gemeinsamen Wohnung.

«Ja», sage ich. «Ich liebe dich noch.»

«Aber lieben wir uns wirklich, oder ist es nur Gewohnheit?», fragt sie. «Ich meine, wir sind jetzt fast anderthalb Jahre zusammen, und natürlich gefällt uns das alles ziemlich gut. Wir haben uns daran gewöhnt, zusammenzuwohnen, wir denken nicht mehr, dass die Welt untergeht, wenn wir uns streiten, wir haben immer noch Dinge, über die wir reden können, wir schlafen sogar noch recht häufig miteinander. Aber lieben wir uns noch? Oder haben wir uns einfach daran gewöhnt, wie bequem all das ist?»

«Du hättest es wohl lieber ein bisschen unbequemer, was? Ein bisschen mehr Drama und Aufregung?»

«Ja, vielleicht stimmt das sogar. Heute kommt es mir manchmal so vor, als wäre der Alltag, der ganze technische Kram, das ganze banale Zeug – als wäre all das das Wichtigste geworden. Und die Tatsache, dass wir uns lieben, ist nur ein weiteres kleines Detail unseres Alltags.»

«Ich weiß nicht, warum du die Gewohnheit als so was Schreckliches siehst. Was willst du denn? Sollen wir alle halbe Jahre umziehen? Oder in Lettland Deutsch unterrichten? Einen alten Schulbus kaufen, die Wohnung kündigen, über Land fahren und Silberschmuck auf Straßenfesten verkaufen?»

«Oder Kinder kriegen. Vielleicht erledigt sich die Frage nach der Gewohnheit, wenn man Kinder hat. Weißt du, ich werde 32, und manchmal frage ich mich, ob ich nicht einfach zu feige bin. Zu feige, es mir einzugestehen, wenn ich eines Tages herausfinden sollte, dass dies vielleicht doch alles nicht so ganz das Richtige ist. Kann man denn wirklich eines Tages noch unterscheiden, ob man sich noch liebt oder ob man sich einfach abgefunden hat? Stellst du dir nie solche Fragen?»

«Schon. Aber ich finde es gut, dass wir uns so vertraut sind. Ich freue mich über die ganzen kleinen Rituale, die wir haben. Ich finde es schön, dass du immer die gleichen Witze machst, dass wir immer die gleichen Diskussionen über unsere Plattensammlungen haben, dass du als Erste ins Bad gehst und ich den Kaffee koche. Ich finde das beruhigend. Die Unendlichkeit liegt in der Beschränkung, und Kraft und Ruhe kommen aus der Wiederholung.»

Und dann liegen wir da, zu müde, um sinnvoll miteinander zu reden, und zu wach, um einzuschlafen.

«Glaubst du, dass Leute heiraten, wenn die Gewohnheit übermächtig wird und sie einfach einen neuen Kick brauchen?», fragt Luise.

«Schon möglich. Aber du kannst doch nicht im Ernst davon reden, dass die Gewohnheit für uns übermächtig geworden ist. Unser Grad an Gewohnheit ist genau richtig. Ich meine, allein die Tatsache, dass wir nachts um vier miteinander über alles reden können ...»

Ich schließe die Augen und prüfe, ob ich müde genug bin, um einfach einzuschlafen. Keine Chance. Mir gehen zu viele Dinge durch den Kopf. Glaubt Luise wirklich, wir hätten uns nur miteinander abgefunden?

«Luise?»

«Ja.»

«Ich habe mich nicht mit dir abgefunden. Ich habe mich mit ein paar Sachen abgefunden, weil ich dich liebe und weil ich mit dir zusammen sein will. Und ja, ich habe mich an dich gewöhnt. Aber wenn du drei Tage weg bist, vermisse ich dich. Dich, und nicht, dass mir einfach jemand gegenübersitzt beim Frühstück, den ich besser ertragen kann als die meisten anderen Leute.»

Eine Weile sagt sie nichts. Schließlich dreht sie sich zu mir herüber: «Mir geht es auch so. Ich meine, mit dem Abfinden. Aber was, wenn einer von uns sich im Laufe der Zeit verändert? Was, wenn sich irgendwas plötzlich ändert? Wenn ich irgendwann schwanger bin, wenn wir umziehen müssen, wenn einer von uns einen Job in einer anderen Stadt bekommt? Das Einzige, was mir wirklich Angst macht, ist, dass vielleicht eines Tages alles zu selbstverständlich ist.»

An Schlaf ist wohl nicht mehr zu denken. Ich lege meinen Arm um sie, Luise macht sich frei und richtet sich auf. »Lass uns aufstehen und wegfahren.»

«Wie bitte?»

«Du nimmst dir einen Urlaubstag, ich melde mich krank, ich habe freitags eh nur eine Doppelstunde. Lass uns nach Boltenhagen fahren. Wie an unserem ersten Wochenende. Lass uns am Strand spazieren gehen und uns ein paar Tage lang darüber freuen, dass wir zusammen sind und zusammen bleiben.»

«Luise, es ist kurz nach vier, ich hab morgen einen Termin, du kannst dich nicht einfach krankmelden ... Soll das irgendwie beweisen, wie spontan wir noch sind? So nach dem Motto: Mensch, wir lassen auch mal fünfe gerade sein, wir sind doch nicht so festgelegt?»

«Nein, es wäre einfach schön. Ich bin schon seit Wochen traurig, und ich glaube ..., ach, ich würde einfach gern mit dir nach Boltenhagen fahren.»

«Luise, es ist Herbst, letztes Mal waren wir im Frühsommer da, wir werden einregnen und ...»

«Du hast schon ja gesagt.»

Und dann steht sie auf, ich wickle mich in die Decke und drehe mich zur Wand. Aber statt dass sie einfach aufs Klo geht und dann wiederkommt und einschläft, höre ich, wie sie die Tasche aus dem Schrank zerrt, den Reißverschluss aufzieht und anfängt, im Dunkeln Kleidungsstücke einzupacken. Ich stöhne und ziehe mir das Kissen über den Kopf. Wir haben beide nicht geschlafen, wir werden im Berufsverkehr im Stau stehen, Luise wird auf dem Beifahrersitz einschlafen, den Kopf an die Scheibe gelehnt, ich werde das Autoradio aufdrehen und gegen meine Müdigkeit kämpfen. Wir werden an irgendeiner Tankstelle in Mecklenburg schlechten Kaffee und undefinierbare Sandwiches frühstücken. Meine Arbeit wird liegen bleiben, die Schulsekretärin wird im Display ihres Telefons sehen, dass Luise nicht von zu Hause anruft. Wir werden erst am Nachmittag ein Hotelzimmer kriegen, und bis dahin werden wir müde durch die Gegend irren. Es wird kalt und regnerisch sein, wir werden mit Gummistiefeln durch den Matsch laufen.

Aber wir werden zusammen sein. Und es wird wunderschön werden. Und mit diesem Gedanken schlafe ich ein.

Astrid Christina Richtsfeld
So macht Mann brave Mädchen wild *Der ultimative Erotik-Guide*
(rororo sachbuch 60680)

Christian Buchholz /
Peter Loycke
Scheidungsratgeber von Männern für Männer
(rororo sachbuch 60861)
Dieser Band behandelt alle wesentlichen Fragen zum Thema Scheidung und Trennung. Er enthält auch Informationen über die geltenden gesetzlichen Neuregelungen zum Kindschaftsrecht und zur elterlichen Sorge.

Katharina Butz /
Detlef Icheln
Penis pur *Was Männer wissen wollen*
(rororo sachbuch 60691)
«Penis pur» ist der erste Guide, der alle Fragen über das wichtigste Körperteil des Mannes kompetent und unterhaltsam beantwortet. Katharina Butz ist freie Medizinjournalistin, Trägerin verschiedener Journalistenpreise und Autorin für «Men's Health». Detlev Icheln ist Ressortleiter der Gesundheitsredaktion von «Mens Health».

Wolfgang Melcher
Der Survival-Guide: Was echte Männer können müssen
(rororo sachbuch 60860)
Dieser Band ist nicht nur spritzig und amüsant geschrieben, er ist vor allem nützlich: Denn hier steht, wie der Knopf am Hemd leicht wieder angenäht, die neue Kollegin bald erobert und die Gehaltserhöhung gewinnbringend angelegt ist.

Gisbert Redecker
Sex zwischen den Ohren *Das Gehirn als erogene Zone*
(rororo sachbuch 60682)
Gisbert Redecker ist Verhaltenstherapeut. Sein Arbeitsschwerpunkt ist die Paar- und Sexualtherapie.

Astrid Wronsky
Du siehst gut aus! *Der Pflege-Guide für Männer*
(rororo sachbuch 60848)
Die Zeiten, in denen man bei den Männern außer ihrer Zahnbürste vielleicht noch einen Rasierapparat im Bad finden konnte, sind lange vorbei, denn: ein gepflegter Body ist angesagt. Aber keine Panik, Männer! Wie so oft, sind es die einfachen, kleinen Tricks, die die Attraktivität fördern. All das findet sich in diesem Pflege-Guide.

Weitere Informationen in der **Rowohlt Revue**, kostenlos im Buchhandel, und im Internet: **www.rororo.de**